MW00938567

Projects
PUBLISHING & ENTERTAINMENT

Tercera Edición | Miami, 2017
@ María Elena Lavaud P.

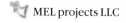 MEL projects LLC

Corrección
Alberto Márquez
Diseño de portada
Nahomi Rodríguez
nahomirodriguez.com
Diseño interior
Daniela Alcalá

ISBN: 978-1548547370

Maritza,
Mil Gracias por
tu visita.

LA HABANA SIN TACONES

Espero que este recorrido
por La Habana te
sea grato.

[firma]

MARÍA ELENA
LAVAUD

ÍNDICE

Siete años después **9**

La Habana que perdió sus tacones **11**

Prefacio **15**

El Arca de Noé **19**

A bordo **33**

Un mundo tapa amarilla **39**

Madrugonazo **53**

Hemingway **65**

Tropicana: cabaret y leyenda **87**

City tour **99**

Sobre mis propios pasos **121**

Los Orishas **137**

Playas del este **159**

Al pan, pan **179**

El regreso **191**

Epílogo **195**

El escritor debe ser honrado e insobornable, como un servidor de Dios. Es honrado o no lo es, como una mujer es pudorosa o no. Una vez que ha dejado de escribir la verdad, nunca más volverá a ser el de antes. El deber del escritor es decir la verdad.

ERNEST HEMINGWAY

Prefacio antología *Los hombres en la guerra*

SIETE AÑOS DESPUÉS

Esta tercera edición de *La Habana sin tacones* es un impulso por volver sobre las crónicas de un viaje, cuyo propósito único fue constatar la devastación que amanece y anochece en la cotidianidad de unos seres humanos maravillosos, que han aprendido a sobrevivir en la opresión sin perder su esencia. La Habana es un sitio mágico; algo la posee, que hace que sea posible —además del dolor y el abuso— traerse en la maleta el brillo de un pueblo audaz y alegre, que lucha por no lucir mustio ante ojos que miran sin ver.

La realidad cubana es para muchos una entelequia, o peor, una referencia simplista de códigos políticos. Pero la vida de verdad, la que late en la calle, hay que respirarla y sentirla junto al rocío que dejan las olas cuando revientan en el malecón.

Hace siete años se publicó por primera vez en Venezuela *La Habana sin tacones*, justo cuando muchos pensamos que había tiempo para evitar el mimetismo, aquella promesa revolucionaria de hacer de Cuba y Venezuela una sola patria, pero en los vicios, en el abuso y la tiranía. No ha sido posible. Hoy las cosas han empeorado hasta la muerte implacable y aterradora de jóvenes proclamados en los nuevos libertadores de Venezuela, que ofrecen su vida a diario por la patria, la libertad y la posibilidad de un futuro sin ataduras. Hoy, muchas de las cosas que me causaron dolor en Cuba, y que vi con distancia en 2010, tienen su exacta réplica en mi Venezuela.

Antes de emprender el viaje a La Habana, fueron muchas las conversaciones que sostuve con mi amigo Roberto Fontanillas-Roig, publicista insigne, cubano que, como muchos, recaló en nuestras costas huyendo del tirano Castro. Ahora soy yo la que recalo en Miami, huyendo de la devastación y el abuso en mi propio país.

En agosto de 2010, al regresar del viaje a La Habana, comencé a escribirle a Roberto mis impresiones, en un arrebato desesperado por gritar y contar todo lo que vi. Lo hice en mi teléfono mientras un taxi me llevaba del aeropuerto de Maiquetía a mi casa en Caracas. Así comienza este libro, con esa carta escrita a mi «querido R», Roberto Fontanillas-Roig. Ahora, le he pedido unas palabras que den inicio a la reedición de esta fotografía escrita de La Habana, que quedará impresa también en mi memoria por los siglos de los siglos, junto al dolor de ver morir a mi pueblo peleando por su libertad.

MARÍA ELENA LAVAUD
JUNIO, 2017.

LA HABANA QUE
PERDIÓ SUS TACONES

La Habana sin tacones tuvo la capacidad de destacar devastadas realidades domésticas y morales; el uso de una hipocresía de defensa para vivir una cotidianidad de frustraciones; la ficción victoriosa, desde la pañoleta del estudiante en sus primeros años, un policía playero, la soñadora y entusiasta muchacha en medio de su laguna de vida vacía, hasta el falso y teatral bocadillo de una desamparada vendedora revolucionaria en una tienda de *souvenirs*, vencidos todos por las mentiras de su tiempo; el mal vivir dentro de una consigna fanática y cientos de promesas incumplidas.

Porque La Habana ha sido la misma, igual a sí misma en el tiempo de los revolucionarios: descalza sobre un arrecife, un hueco en la arena, venido en innecesaria y populosa trinchera, cochambrosa, harapienta y detenida; menospreciada, disfrazada de pretendidas epopeyas, donde el aplaste moral y la desfiguración de sus rostros ha sido el hábito y costumbre.

Aquel «hombre nuevo» de Guevara, Fidel y Raúl fue un montaje sobre la espalda nacional; el primer párrafo de un abstracto por injusto.

A mí, ese remolino hizo que la cuna se me haya hecho lejos. El largo exilio político vive golpeando el alma, una añoranza prisionera que no permite que la libertad sea plena. Las palmas cubanas son como novias que esperan, dijo el apóstol José Martí.

Aquella esquina de Patria: Amistad 404, descolorida y derrumbada en el tiempo, se me ha convertido —casi— en el riesgo de un más nunca.

Allí, donde reposan mis abuelos paternos; Gonzalo Roig, el abuelo materno, famoso y respetado, uno de los cientos de genios musicales que ha parido esa isla insólita, insolente, heroica, bullanguera, aplastada, sometida y triste, mutilada. Mis bisabuelos y tatarabuelos, la parentela general, que adorna a las familias viejas, así como el reguero de huesos maternos y paternos esparcidos en más de un cementerio extranjero; amigos de la infancia, que van sembrándose como inaccesibles memorias digitales, transportándose entre velorios y carruajes, entre longitudes y latitudes, hemisferios e idiomas disímiles. Las décadas, a medida que se acumulan, aplastan. Si algún día pongo los pies en mi tierra de la siempre Cuba, será porque un nuevo aire sopla sus playas.

¡Cuántas generaciones que ni siquiera pueden soñar algo grato y propio de La Habana de siempre, la que perdió sus tacones! No bastan solamente unas medallas olímpicas o un batazo de *home-run*. Familia, pertenencia y tierra propia, son eslabones indispensables para edificar naciones.

María Elena Lavaud tropezó con la historia y su vivencia; una larga narración cubana de tantos que carenamos y enraizamos en esta tierra venezolana profunda, amplia e inagotable. Ella quiso confirmarlo en directo, acaso como buscando una vacuna literaria que previniera a nuestros compatriotas venezolanos en nuestros momentos críticos. Lo intentó, entendió la magnitud de un desastre social; se empapó entre charcos humanos y aguaceros de infortunados relatos, y su instinto de periodista le permitió escuchar a nivel de pueblo, al habitante diario que se enfrenta con la Revolución que no libera, que no suministra, que no permite una idea original y diferente en medio de cadenas de llamamientos, guerras imaginarias y falsas consignas victoriosas de una tiranía en despedida.

Gracias, María Elena, entrañable amiga; gracias por haberme dado la oportunidad de hacerme sentir, más aún, las tristezas de mi primera Patria.

R.

ROBERTO FONTANILLAS-ROIG

CUBANO-VENEZOLANO.

JUNIO, 2017

PREFACIO

Caracas, 21 de agosto de 2010
Querido R:

Son las seis y media de la mañana y sé que hasta las nueve eres una tumba. Ya estoy de regreso, entre conmovida, impresionada y algo triste. Parece mentira. No llevé mis zapatos de baile. Al hacer la maleta recordé que los había regalado hace tiempo. Tampoco me hicieron falta. Era tal vez un presagio. La realidad que encontré me dejó contando, como en la rueda de Casino, pero en regresiva: 3, 2, 1... Ojalá nunca lleguemos a ese mar de sobre murientes. No lo merecemos. Ni nosotros, ni ellos.

El tarará de tu niñez es ahora un lugar reservado en parte a la preparación de aquellos que serán operados de la vista gracias a la «Misión milagro». El resto se mercadea como uno de los lugares de más atractivo turístico. Pasé por allí de regreso de las más cercanas Playas del Este, a unos 35 minutos de La Habana. No han perdido su encanto, te lo aseguro. Tus vacaciones de infancia allí deben haber sido una delicia.

No te traje nada. No vino nada material en mi maleta, salvo un par de estampitas de la Virgen de la Caridad del Cobre y un cenicero de recuerdo de mi visita a la casa de Hemingway. ¡Quién quita! Tal vez recoja algo de la inspiración que él encontraba en la isla.

Los recuerdos que traigo no son tangibles. Ya te contaré. Duelen; por lo que vi y dejé allá, y por lo que al regresar encontré entre nosotros mismos, solo que con un poco más de color y hasta de tecnología.

Hay dos mundos allá, amigo. Vi dos ciudades que se juntan en la necesidad, cuando escarbas un poco entre aquellas viejas casonas que aun derruidas, son una bofetada para los que deambulan a diario entre callejones con edificios que a simple vista parecieran abandonados, pero donde laten los sueños de la mayoría. Son dos las monedas también. Con una se paga la sumisión y con la otra se accede a la irrealidad de la ciudad turística. Sin embargo, ya nadie pareciera querer ocultar nada. No vociferan, pero si te interesas un poco, escupen su realidad ahogados de tanta limitación, de tanta carencia, de tanto maltrato. El turismo ha abierto una ventana al choque de dos realidades que no creo puedan convivir sin efervescencia por mucho más tiempo. Por ahora el miedo es el muro de contención. Me aferro a esa tesis de la psicología que augura que después del miedo contenido, irrumpe la acción. Eso me agobia menos que pensar que lo que vi pueda durar 10, 20 o 30 años más. O peor aún, que pueda trasladarse definitivamente y sin remedio hasta nuestra propia tierra.

Como te decía, todo es por partida doble, empezando por la moral que sostiene a dos presidentes: uno titular y otro el objeto recurrente de la adulación. Uno la causa, otro la consecuencia. Uno el símbolo del castigo, el otro la posibilidad de abrigar una mínima esperanza de que la soga afloje un poco su presión. Para algunos, el primero es aún el símbolo de la lucha reivindicadora. Pero a esos solo los vi por televisión. Del otro hablan a veces en la calle, pero sotto voce, como cuando uno no quiere compartir sus proyectos para que se le den. Se me hace un nudo en la garganta de solo recordar esas miradas, esos deseos reprimidos; esas palabras que escuché sin mucho convencimiento algunas veces, pero como queriendo sugerir: «si no lo vemos así no hay de qué sostenerse»; pero más me ahogo cuando pienso en lo que has de sentir tú al saber que tu tierra se ha vuelto árida durante tantas décadas. No sé cómo podría manejar yo una circunstancia así; eso me aterra, te confieso; ¡me da pavor!

En fin, creo que voy a estrenar una cajita de pastillitas de «Rescue» que me regalaron hace tiempo. Nunca pensé que las usaría. Ya sabes, tu amiga aquí, la mamá de los helados en materia de autocontrol. ¡Qué tontería!

Traigo callitos en los talones. Ha de ser por caminar toda La Habana en cholas, bajo aquel sol inclemente, picante, que compite con el aire húmedo que emana de la costa, a ver cuál de los dos produce más calor. ¿Te imaginas? ¡Fin de mundo! Pues sí, eso hizo La Habana conmigo y algunas otras cosas más trascendentes que ya te iré contando.

Cuando regreses de Miami, avísame; no quiero agobiarte ahora con mis historias. Como buen exiliado, seguro muchas no serán novedad para ti, pero a mí me han estremecido. ¿Sabes? Definitivamente, escribiré una suerte de crónica de este viaje. Vale la pena. Por todo. Por el pasado, por el presente, pero sobre todo por el futuro que en este país aún podemos construir. Luego te muestro las fotos. Eso sí, para eso te espero, porque creo que será indispensable una botella de por medio. Mientras tanto, digamos que en honor a Celia me hago la Cruz, porque de verdad, verdad, necesito gritar... ¡Azúuuuucar!

Cariños,
Mel

EL ARCA DE NOÉ

Nunca pensé viajar a Cuba. Muchos amigos periodistas, incluso en nuestra época de estudiantes, encontraron sus propios pretextos para recorrer La Habana: el festival de cine, por ejemplo, y más recientemente congresos internacionales de baile, por citar solo un par de ellos. La verdad, ir allá nunca fue una prioridad para mí, aunque la curiosidad siempre estuvo latente; más aún en estos últimos años, cuando la realidad de ese «mar de la felicidad» prometida, se nos ha ido haciendo más amenazante a los venezolanos.

Tampoco he formado parte de ese grupo de justicieros sociales que se han acercado allí buscando pruebas que mostraran cómo sí es posible la igualdad social y la lucha contra la opresión de los que tienen menos. No soy socialista, ni izquierdista; tampoco capitalista ni *pitiyankee*. Soy demócrata; un ser social que ejerce su sensibilidad a través del periodismo, probablemente. Pero, sobre todo, soy un ser humano que quiso acercarse a la realidad de ese país para luego poder hablar con un poco más de propiedad. La oportunidad me sobrevino. No la busqué. Ella me buscó a mí hasta que finalmente me encontró.

Meses atrás en un café casual con varios colegas, entre los que se encontraba el dueño de una editorial, la posibilidad de viajar a Cuba y contar la experiencia me fue planteada. No puedo negar que la idea me tentó, pero mi primera reacción fue una carcajada ante lo que consideré un riesgo absurdo a estas alturas de mi vida.

Desde aquel golpe de Estado de 1992, había podido sortear no pocos escollos, y siempre tuve la duda, la tengo aún, acerca de si fui solo parte de una estadística o si todo aquello era producto de mi posición crítica frente al gobierno a través de mis programas de radio y de televisión: dos atracos a mi casa, con escenas de secuestro incluidas; tres intentos de robo mientras manejaba con mi pequeña de apenas cinco años por aquel entonces; varios atracones de gas lacrimógeno en invariables manifestaciones que había cubierto para la prensa internacional (un día hasta me bebí un vasito de cartón lleno de vinagre cuando en una balacera en la que quedé atrapada dentro del pasaje Zingg, el dueño de una agencia de viajes que me guareció me lo ofreció para mitigar el efecto del gas lacrimógeno y yo lo tomé creyendo que era agua para que me calmara), perdigones a granel, de los que aún conservo un pantalón con la bota agujereada como recuerdo de una protesta el 8 de abril de 1992, donde manifestantes y periodistas fuimos emboscados por la «ballena» en plena plaza de San Jacinto. Nada que ver. Dije que lo pensaría, pero en mi fuero interno un «no» rotundo ya había emergido como única respuesta. «¿Qué te pasa, periodista? ¿Te vas a echar para atrás ahora? ¡Fin de mundo, pues!».

La batalla con mi *alter ego* duró meses. Se acercaban las vacaciones de agosto y con ellas los inevitables trámites para enviar a mi hija a Canadá, como cada año, para visitar a su mejor amiga; una chica con una diabetes temprana diagnosticada, cuya familia de cinco miembros decidió emigrar buscando mejor calidad de vida. Linda amistad que ha sobrevivido a la distancia y a los cambios hormonales. Hoy ambas están acariciando la mayoría de edad y ese vínculo sigue intacto.

La que no estaba intacta era yo. Después de 13 años de matrimonio y de haber remontado un trío de divorcios —uno en la casa, otro en la radio y el tercero en la televisión; cosas que pasan cuando una decide trabajar con el marido— me había embarcado casi sin darme cuenta en otra de esas absurdas cruzadas amorosas que muchas veces uno no sabe cómo comienzan pero que no es nada difícil adelantar cómo van a terminar. Y lo peor es que ya comenzaba a acumular experiencia en ese tipo de «equivocaciones». El viaje a Cuba fue el punto de quiebre. En medio de una discusión lo asomé en un arrebato de hastío y semanas después, cuando compraba el pasaje de mi hija a Canadá, me encontré pagando un boleto a La Habana, sin siquiera haberme pedido permiso. «¡Así me gusta, periodista! ¡Plomo con ese viaje! Después verás si escribes o no. Ya es hora de que aprendas a tomar café sola en la calle, mijita».

Compré mi boleto en Conviasa, pero volé con Cubana de Aviación. Así está establecido por convenio bilateral. «Conviasa vende boletos, pero opera cubana» fue la respuesta que recibí en la agencia de viajes. Así que allí estaba, a bordo de un Tupolev 204 (Tu-204) de Cubana de Aviación, un bimotor de fabricación rusa, capaz de transportar alrededor de 200 pasajeros, considerado el equivalente del Boeing 757 de los Estados Unidos. Especial para rutas de medio alcance. Fue diseñado como un modelo polivalente: puede adaptarse para transportar pasajeros, carga, o pasajeros y carga al mismo tiempo; con facilidades para el cambio rápido de disposición según sea el caso. Bajo costo operacional y bajo ruido, amén de que la disposición de sus asientos también es discrecional: la configuración con una sola clase puede llevar hasta 210 pasajeros, mientras que las versiones con dos o tres clases podrían transportar entre 160 a 200 pasajeros. El Tu-204 es uno de los primeros aviones de pasajeros de nueva generación en Rusia, con avances propios de los aviones de occidente, como la cabina con pantallas y vuelo estabilizado por computadora; también ha sido el primer avión ruso en usar motores Rolls-Royce RB-211. Sin duda, un equipo inmejorable para cubrir las «necesidades» de esa ruta Caracas-La Habana. Así que viajé a Cuba en un avión ruso, con motor británico y muy probablemente, gasolina venezolana.

Desde aquel discurso pronunciado en la Universidad de La Habana en 1994, tras dos años de prisión por el intento fallido de golpe de Estado, se ha prometido a los venezolanos llegar a ese «mar de la felicidad» que se dijo es Cuba. Hoy, 16 años después, el golpista sobreseído de entonces se convirtió en presidente de Venezuela, gracias a la democracia; allá, el presidente de entonces, ahora ha cedido el testigo a su hermano, en una jugada política —so pretexto de un quebranto de salud— de la que muchos esperan mucho, tal vez. Hoy escuchamos continuamente que «Cuba y Venezuela son una sola patria», y a quienes tenemos claros los límites de la soberanía, como siempre tuvimos claro que las armas no son recurso posible para lograr cambios de provecho, se nos eriza la piel.

Para algunos venezolanos, esa frase no tiene ningún sentido práctico sino retórico y hasta eufemístico. Pero en Cuba, es una realidad de vida. «¿De dónde vienes?», era pregunta obligada en cada paso que di en La Habana. «De Venezuela», respondí invariablemente, haciéndome cargo de todas las consecuencias posibles. Las respuestas fueron también invariables: «¿Venezuela? ¡Bienvenida! ¡Gracias a ustedes estamos vivos aquí!».

Al escuchar aquella frase tantas veces a lo largo de mi visita, con palabras más o menos, y en distintos contextos, me llené de tristeza; es claro que, en buena medida, allá y aquí hemos sido víctimas del mismo abuso. Lo vi claramente en el rostro de una enfermera de unos 30 años con quien compartí el vuelo de regreso. Era su primera vez en avión; su primera vez fuera de Cuba; su primera vez en compartir el miedo con una extraña: se aferró a mi antebrazo con una fuerza indescriptible para decírmelo, cuando el avión carreteaba la pista, segundos antes del despegue. Luego, con esas mismas manos ahogando el asombro que su boca quería gritar, solo alcanzó a decir «¡Dios mío!», al darse cuenta de que por primera vez también, estaba volando y que al menos por dos horas y media, a bordo de un avión de cuyo funcionamiento y bondades no entendía nada, iba a ser libre.

Las colas comenzaron en el propio aeropuerto de Maiquetía. No imaginé que encontraría una tan profusa en el *counter* de la aerolínea. Así fue, para mi sorpresa. Me daba mucha curiosidad saber cuál era el motivo de viaje de cada uno de los que estaba allí, porque hice una cola de pasajeros que nada tuvo que envidiar a la de cualquier otra línea aérea con destinos mucho más envidiables. Llamó mi atención que todos llevaban su equipaje plastificado. Pregunté. «Tienes que hacerlo obligatoriamente. Es requisito de la aerolínea», me dijo una negrita pizpireta muy buenamoza, que estaba delante de mí, y que ya llevaba la mitad de su propia ruta cumplida: de Puerto Ordaz a Maiquetía. Se la notaba alegre, animada. Hablaba con todos exhibiendo los conocimientos de la «mecánica» de viajar a Cuba, producto de sus dos visitas anteriores ese mismo año. «Pero no te preocupes, no tienes que pagar. La línea tiene un convenio con la gente que está aquí mismo, a la derecha; los de franela roja. Sal y enseguida los vas a ver. Yo te guardo el puesto», me dijo.

Haciendo la otra cola para el servicio de plastificación, comenzó a incorporarse justo detrás de mí, un grupo de cinco cubanos que llevaban no sé cuántos bultos. No pude contarlos. Eran muchos. Al menos tres por persona. Lo que sí resultaba evidente era que no había ninguna maleta de las convencionales.

—¿Será que allá no venden?

—¡Qué tonta eres! —me dije enseguida recriminando la torpeza de mi propio pensamiento—. Una maleta no ha de ser un artículo de necesidad en un país donde para los nacionales, viajar es algo excepcional, que solo puede hacerse con autorización del gobierno. «Igual han podido comprarse una aquí», insistía mi *alter ego*. Pero el contenido de algunas de las cajas que llevaban, y que podía adivinarse en su exterior, mostraba claramente cuál era la prioridad: equipos de DVD, y un gimnasio para bebés recién nacidos. Al momento del chequeo posterior en el *counter,* pude escuchar cuando un representante de la aerolínea decía: «pueden llevar eso en la mano, pero van a tener que pagar el impuesto al llegar». Se refería a la caja con el gimnasio para bebés.

Pensé que podrían ser músicos, pero no llevaban instrumentos. Solo cajas, bolsos y más bolsos. En una de las cajas, pude leer las siglas CPI, impresas en una hoja de papel bond tamaño carta y pegada con cinta adhesiva. Tomé nota para investigar luego si tendría algún significado interesante. Vaya sorpresa me llevé: El CPI es el Centro de Prensa Internacional, adscrito al Ministerio de Relaciones Exteriores de Cuba. Es el encargado de todo lo referente a la prensa extranjera y, por ende, de hacer cumplir lo contemplado en la Resolución N° 182/2006, que establece el reglamento para el ejercicio de la Prensa extranjera en Cuba. En el capítulo V, titulado «Periodistas en tránsito», el artículo 38 establece que «los profesionales de la prensa que viajen al país amparados en tarjetas turísticas u otro tipo de visa diferente a la periodística, deben abstenerse de ejercer el periodismo, a menos que cambien su estatus migratorio. El incumplimiento de este trámite constituye una violación de las disposiciones vigentes en Cuba, y expone al profesional de la prensa a ser reembarcado a su lugar de origen».

Yo iba en viaje eminentemente turístico, aunque no puedo negar que me hubiese encantado visitar a Fariñas, o conocer a Yoani Sánchez; o presentarme ante alguna de las damas de blanco, pero sabía que cualquier intento en ese sentido habría sido abortado de inmediato y probablemente mi viaje también. No era esa la idea. El propósito era conocer la ciudad, interactuar con la gente en las calles, y traerme mi propia impresión de tantos y tantos años de discurso y cuentos echados por terceros de forma coloquial, o en libros, reportajes o notas para televisión. De todas formas, un par de amigos me advirtieron varias veces:

—¿Tú crees que el G2 se va a tragar ese cuento de que vas de turista? ¿Una periodista combativa como tú, crítica al gobierno que les está dando de comer?

—¡Pues es la verdad! Voy de turista.

—¡No seas ingenua! La inteligencia cubana ya está aquí también manejando hasta el sistema de identificación de nosotros, los venezolanos. Desde que compraste el pasaje ya saben que planeas ir. ¡Si les provoca hasta una trampa te ponen! ¡Tú debes estar loca, definitivamente! ¿A que no te dejan entrar? y encima te vas sola. Es que en verdad has perdido el juicio.

En ese estado de alerta hice la maleta, revisando cada elemento. Ponderando hasta los libros que llevaba para distraerme. En ese momento estaba por cierto leyendo «Cuba Libre», de la bloguera Yoani Sánchez, buscando un adelanto de aquella realidad que deseaba descubrir por mí misma. No lo llevé porque creo que habría sido una provocación innecesaria; justamente en esos días vi una nota reseñando que a un pasajero se lo incautaron apenas llegó al aeropuerto José Martí.

Pese a que todo el tiempo repasaba en mi mente que no me pasaría nada porque no haría nada indebido, no puedo negar que la incertidumbre y el desasosiego fueron en mi maleta y volvieron conmigo hasta que pude deshacerla ya de regreso, en mi cama, con mucha dificultad para hacerme cargo de un llanto intermitente e interminable que ni yo misma podía explicar.

La recomendación unánime fue: «No confíes en nadie. No tomes taxis del hotel, y en todo caso, no les hagas preguntas que no sean turísticas; no a ellos. No son de fiar. Si las hace un turista cualquiera probablemente no pase nada. Pero recuerda que muy seguramente sabrán que estarás allí y cuál es tu trabajo. Te vigilarán todo el tiempo. Si vas a conectarte a Internet, recuerda que todos tus contenidos estarán siendo leídos. Cuidado con eso. Y por último, si se te ocurre intentar algún encuentro con personajes polémicos, no los llames por teléfono; preséntate en sus casas y haz lo que tengas que hacer. Recuerda, no confíes en nadie. Usa tu sentido común y ten cuidado».

Tuve miedo, sí, y mucho. Todo el viaje. Días y noches. Mi hija de 16 años, mordaz como siempre, me hizo la mejor de las recomendaciones: «Si vas a inventar, procura que lo que sea que hagas amerite que te deporten, y no que te dejen presa allá». Le prometí que no me metería en problemas; al menos no por voluntad propia. De todas formas, no faltó quien me diera una recomendación especial para un caso de emergencia: la forma de contactar a unos lugareños que podrían tenderme la mano en caso de problemas. «No vayas a escribir lo que te digo, por Dios. Apréndelo de memoria».

—⟶ᴍ⟵—

La negrita pizpireta me guardaba el puesto. Estaba enfrascada en un rifirrafe con un hombre de mediana edad ubicado delante de ella. Por el acento, venezolano. Chaqueta color caramelo; de alpaca; muy bonita. Debajo, una camisa roja, y un carnet que cada tanto se cuidaba de ocultar con alguna de las solapas.

—¿Tú vas para La Habana? —le preguntaba con picardía cuando me incorporé de nuevo a la fila.

—No. A Cienfuegos.

—¡Ahhhhh! Lo que hace el amor, ¿no?

El padre del hombre de la chaqueta de alpaca respondió enseguida. «Noooo, si este cuando tiene un par de días libres corre para allá. Yo te digo. Dicen que cuando una mujer se casa se pierde una virgen. Pero yo digo que lo que se gana es un Cristo». Todos rieron a carcajadas.

—¿Todo listo? —Me preguntó.

—Sí. Listo. Mil gracias.

—¿Y tienes la visa?

—¿Cuál visa? En la agencia de viajes me dijeron que no necesitaba visa. Que, al llegar, en el aeropuerto, debía comprar una tarjeta de turista.

—Bueno, sí, es lo mismo. Pero te la venden aquí, cuando te chequees. Tú sabes, al llegar allá sellan es la tarjeta de turista y no tu pasaporte; es para que no tengas problemas luego si quieres viajar a Estados Unidos.

«¡Andaaaa, pues! la cosa es así de simple». Pensé. Ajá. De manera que al salir de mi país me sellarán el pasaporte como es costumbre.

Pero al regreso, ¿cómo será que voy a explicar que estuve «en ningún lado» para que me vuelvan a sellar mi pasaporte de ingreso? «Boba, muestras el *ticket* del avión y ya», me dije. De cualquier manera, toda aquella situación me hacía sentir copartícipe de una gran inmoralidad. Me parecía brutal comprobar que el gobierno de Cuba renegara de sí mismo con este mecanismo, que lo único que pretendía era obviamente no ahuyentar los necesarios dólares del turismo.

Una vez en el *counter* de Cubana de Aviación, tuve que pagar la famosa visa o tarjeta de turista, además de un inesperado impuesto a la propia aerolínea; nadie me había advertido de esto, por cierto, y no fui la única sorprendida.

—Pero ¡Quejesto! —se quejó amargamente una señora de camisón de lycra verde, muy al estilo «chupi-chupi», diría mi hermana, por lo ceñido. Viajaba con sus dos hijos adolescentes—. ¡Aquí no se puede ni viajar! ¡Todo es una pagadera! ¡Quejeso!

Faltaba además el inevitable impuesto de salida del país.

Decidí entrar de una vez y quedarme por las cercanías de la puerta de embarque. Faltaba una hora para el despegue, y menos mal, porque la fila para el chequeo migratorio también era un poema. El funcionario que me atendió me reconoció enseguida, pese a mi inexistente maquillaje. Tampoco llevaba mis lentes en ese momento.

—¡Ajá! y ¿qué va a hacer María Elena Lavaud en Cuba? —dijo procediendo de una vez con sellos y demás papeleo.

—Estoy de vacaciones. Voy a ver si las playas son tan bellas como dicen, respondí.

—Jajajajajaja —rio con picardía— ¡Nooooooo! Yo para allá no voy ni que me regalen el pasaje. Ya voy a dar la noticia por *twitter* que María Elena Lavaud se fue para Cuba.

—¡Ahí te dejo esa primicia, pues! —dije con naturalidad—. Pero espera que haya despegado para que des una información veraz.

—¡No, vale! Estoy echando broma. Buen viaje.

—¡Gracias! Primer strike.

La puerta de embarque fue cambiada inesperadamente. Comí algo ligero y allá me fui, para comenzar un encuentro pendiente con Federico Vegas y su novela *Miedo, pudor y deleite*. Mientras me dirigía a la nueva puerta de embarque, una pareja de aspecto evidentemente extranjero me abordó para confirmar el número de la nueva puerta. Los reconocí. Estaban dos puestos detrás de mí en la cola de la aerolínea. Una pareja cincuentona; despreocupada en su manera de vestir; muy playeros y con un bronceado envidiable. Su español era precario. Les confirmé lo que preguntaban y quise saber de dónde eran.

—Canadienses, pero vivimos en la isla de Margarita hace dos años, respondió él con una sonrisa franca.

—¿Y eso que van a Cuba?

—Es solo una escala para ir a Canadá. Es más económico. Además, ya no soportamos un vuelo tan largo. Preferimos dormir en La Habana y mañana temprano salimos para Toronto.

Definitivamente, adivinar la motivación de cada uno de los pasajeros que abordarían ese avión era un reto a mi imaginación. La posibilidad del vuelo por escala no estaba entre mis hipótesis. Así que la agregué de inmediato. Igual, la hora y un poco más que pasé observándolos a todos provocó mi evocación del arca de Noé, por lo variopinto obviamente: viaje de enamorados; cubanos volviendo a la patria, turistas venezolanos; turistas europeos; turistas en tránsito; funcionarios del gobierno cubano. En fin...

En el grupo de sillas de la sala previa a las escaleras que nos conducirían a tomar el autobús para finalmente abordar el avión, una parejita de jóvenes europeos se sentó a mi lado. Ambos revisaban con mucho ánimo y marcando con un bolígrafo, una pequeña guía de viaje que decía «Kuba». Ella, Marisa, de 26 años, con el cabello recogido al descuido. Pantalón tipo safari; una franela negra y sandalias bajitas. Él, Matthias, de 25, lucía orgulloso sus *dreadlocks*, ese estilo de cabello en rulos largos que es la principal característica de todo «rasta» que se precie; sandalias igual, franela y pantalón cómodo. Una parejita hermosa, joven y evidentemente aventurera.

—¿De dónde vienen ustedes? —les pregunté.

—De Alemania yo —dijo Matthias— y ella de Suiza. Pero en este momento estamos llegando de Mérida. Estuvimos allí 20 días, recorriendo los pueblitos.

—¡Ah! Qué bien. ¿Y? ¿Les gustó?

—¡Sí! Es bonito —dijeron ambos.

Apenas dos filas más adelante, un hombre de camisa azul a cuadros volteaba y me miraba con cierta regularidad. Llevaba unos lentes cuadrados de aumento. Me miraba fijamente, por encima del hombro, breves instantes y se daba vuelta de nuevo. No parecía importarle demasiado que me diera cuenta. Mientras, yo continuaba mi animada conversación, aprovechando para practicar mi inglés.

—¿Qué sitios han marcado para visitar en Cuba?

—La bodeguita del medio; la Zorra y el Cuervo y el Salón Rojo.

—¡Ah! ¿Quieren conocer la vida nocturna?

—¡Sí! pero solo dos días. Luego nos iremos a recorrer los poblados del interior de la isla. Así es como realmente se conocen los lugares. Viendo a la gente en su rutina diaria; lo que comen; cómo es su día a día. Estaremos el tiempo que sea necesario. A mí no me gustan las ideas preconcebidas, por eso quiero ir y verlo yo mismo, decía Matthias.

—¿Y tú? ¿Qué quieres conocer? —preguntó ella.

—Hummmm, quiero ir a ver la casa de Hemingway, por ejemplo.

—¡Ah! Buena idea. Vamos a buscarla en la guía.

Al cabo de una media hora, los tres estábamos marcando toda la guía con los lugares que sería bueno ir a ver. El hombre de la camisa azul no dejaba de mirarme. Ya comenzaba a ponerme nerviosa. Un par de hombres a su lado le hablaban y él, nada que me sacaba los ojos de encima. Matthias, Marisa y yo quedamos en ir juntos al Tropicana. Les conté de la gran tradición del lugar y de los muchos hombres talentosos del mundo de la cultura y del espectáculo que han hecho grandes trabajos y aportes en Venezuela.

—¿Tu vas? —preguntaron

—Claro que sí. No me lo pierdo. Tengo ticket para dentro de dos días.

—¿Te molesta si vamos contigo? Nos encontraríamos en la puerta del lugar.

—¡Para nada! Me parece fantástico. Así intercambiamos dos días de experiencias en La Habana.

Estuvimos juntos hasta el momento de subir al autobús, con casi dos horas de retraso. Los pasajeros comenzaban a quejarse. Un hombre de evidente acento cubano con un último ápice de paciencia decía: «Menos mal que el vuelo de regreso es al contrario. Siempre sale puntual y sin problemas». Subí de las últimas, y quedé al borde de las escaleras del autobús, frente a un hombre que llevaba una caja con un DVD. «Para Yurelis», decía en letras negras bien grandes.

—Hoy amanecemos en el aeropuerto —le decía a su compañero de viaje, que estaba justo al lado mío. A muy poca distancia. Parecíamos sardinas en lata.

—Eso seguro. Si la última vez demoramos cinco horas en inmigración, calcula hoy. Llevamos retraso de casi dos horas, así que estaremos llegando a La Habana a la media noche.

—Oye, me pidieron 2 mil 800 bolívares en la línea. Les di lo que tenía y punto.

—Son unos abusadores. Te cobran el sobrepeso por un televisor y luego te clavan también el impuesto.

No entendía nada de lo que conversaban. ¿Cinco horas haciendo aduana? ¡Qué desastre! Y recordé lo que tantas veces había escuchado: «Te revisan todo: ropa, zapatos, libros, el contenido de los frascos de artículos para el aseo personal; todo, absolutamente todo, y si te descuidas, algo desaparece sin que puedas advertirlo. Son muy hábiles y tienen necesidad igual que todo el mundo». Solo que ahora lo estaba escuchando de boca de esos dos cubanos que conversaban abiertamente delante de mí; hasta parecía que lo hacían expresamente para que yo los escuchara. El dinero del que hablaban era por el sobrepeso. Hasta donde sabía, lo permitido eran 20 kilos, y me pareció escuchar que llevaban 150 kilos. Dinero y necesidad. Fulminante combinación, me dije.

Busqué con la vista a Matthias y Marisa, pensando que al menos tendría con quien conversar, pero tropecé de nuevo con el rostro del hombre de la camisa azul. Su gesto me sugirió un dejo de indulgencia. Ahora pienso que mi cara al escuchar todo aquello también debió ser un poema. Me atrevería a decir que estuvo a punto de esbozar una sonrisa que sin embargo nunca vi. Ahora, rememorándolo todo, me da la impresión de que él también había estado escuchando la conversación de los hombres frente a mí; tal vez eran los que le hablaban en la sala de espera; yo no pude verles el rostro entonces. Incluso, me animo a pensar que todo lo hicieron adrede, para que me llevara esa información, porque a mí no me pasaría todo lo que ellos acababan de relatar. Ellos lo sabían perfectamente. Yo no.

A BORDO

Me tocó ventana, en mitad del avión, y justo detrás de un grupo de tres venezolanos revolucionarios a carta cabal. Conversaban sin cuidar el timbre de su voz.

—¿Tú quieres tener amigos? Toma aguardiente pa' que tú veas. Pero no te pases. Los venezolanos siempre andamos hablando paja pareja —decía el hombre acomodándose su gorra roja. No pude ver si tenía alguna inscripción bordada. Nunca lo vi de frente.

—Imagínate, la otra semana la mujer me lanzó esta: me dijeron que en Caracas la ropa es bien barata. Tráeme para yo vender aquí, me dijo. ¿Qué mierda te crees tú? —le dije yo a la mujer—, los venezolanos hablan mucha paja, déjate de pendejadas y no creas bolserías.

Allí estaba el primer asomo del «bisneo» del que había leído ya. La venta por la izquierda. Lo que los venezolanos llamamos rebusque, solo que en Cuba es irremediablemente ilegal. Viene de la palabra *business*, negocio en inglés. Pero allá su acepción no es otra cosa que supervivencia de la más pura. Lo que siguió de la conversación fue una perorata socialista para la cual verdaderamente ya me sentía agotada. Me dispuse a descansar un poco, pensando en aquel panorama de cinco horas de aduana que creí me esperaría al llegar.

Mientras me acomodaba en el asiento, una mulata de cabello negro de rizos suaves ocupó el asiento del pasillo en mi fila. No dijo palabra. De hecho, no sé por qué se me antojó pensar que era brasileña. No cruzamos palabra durante todo el vuelo; ella durmió desde que despegamos hasta que llegamos. Yo me disponía a hacer lo mismo, pero la televisión de a bordo no me dejó. No quería perderme ni un minuto de aquella programación. Me moría de curiosidad por saber con qué se podría sustituir un buen concierto musical en New York; unos minutos de noticias o un clásico de Hollywood, en un vuelo de 2 horas y 50 minutos.

No suelo ver las películas en los aviones, a decir verdad. Prefiero leer, escuchar música o dormitar un poco. Pero esta vez estaría muy atenta. Apenas se desplegaron los monitores, y luego de apreciar el despegue a través de ellos, comenzaron unos cómics titulados «Filminuto». Pequeñas historias de un minuto de duración. Luego, para mi sorpresa, pasé una media hora riendo a mandíbula batiente con unos *gags* titulados «*Just for laugh*». Así mismo decía la presentación de la producción, que presumo era británica. Llegó un momento en que miré a los lados al escuchar mi propia carcajada. Me había colocado los audífonos y estaba absolutamente abstraída riéndome con esas absurdas historias que no eran más que trucos al mejor estilo de la cámara escondida. Simplemente geniales.

Luego, mientras servían un *snack* sin misterios, comenzó la proyección de un video de promoción turística de la isla, producido por el Instituto Cubano de las Artes Cinematográficas. Un precioso material que mostraba no solo las espectaculares playas de Varadero, sino cómo bailar el son cubano y hasta ruedas de Casino, ese baile cuyo origen se atribuye a la isla, en la época de oro de los casinos habaneros, allá por los cincuenta. Me sentí absolutamente gratificada. Todavía no sé qué extraño mecanismo se dispara dentro de mí cuando escucho esa música; y más aún cuando veo o bailo la rueda de casino. Se me antoja como la mejor catarsis; una forma inmejorable de dejarse llevar por toda esa energía que la música puede disparar dentro de uno.

Para nadie es un secreto que musicalmente hablando, la salsa ha sido impulsada por influencias de varios estilos antillanos como la guaracha, la bomba, el guaguancó, el mambo, el chacha-chá, el son montuno. Así que es mucho más que un patrón rítmico. Es todo un fenómeno cultural, popular, mixto, hasta étnico. Me hace gracia; creo que me revuelve todos los ancestros martini-queños, españoles y negros. Es que no soy capaz de escuchar un solo acorde y quedarme quieta. Es mucho pedir. Con algo tengo que exteriorizar que siento esa música, así sea tamborileando los dedos en la mesa, o haciendo sonar mi anillo contra un vaso de vidrio como si fuera la clave.

Las clases de salsa casino me hicieron emprender una apasionante investigación. Al comienzo, cada domingo aprendía lo básico: un, dos, tres (pasos adelante)... cinco, seis, siete (hacia atrás). El cuatro es una pausa que no se cuenta. Poco a poco fueron apareciendo las figuras básicas hasta llegar al talón de Aquiles, el famoso «dile que no»: es un giro luego del cual se cambia de posición con la pareja, y a la postre, es el paso con el que terminan las otras figuras más complicadas y hermosas que se hacen —cada una con un nombre bien particular— para desembocar nuevamente en el conteo inicial: un, dos, tres... cinco, seis, siete. Nada que hacer. Es lo más fascinante para mí en materia de baile.

La rueda se arma con cuantas parejas quieran participar. De hecho, en 2009 se hizo en Cuba la rueda de casino más grande del mundo. Fue en la plaza Niemeyer de la Universidad de las Ciencias Informáticas. Eran en total mil veintisiete parejas, es decir, dos mil cincuenta y seis personas, entre estudiantes, profesores y trabajadores, lo cual duplicó el récord anterior. ¡Cómo me hubiera gustado estar allí! La música estuvo a cargo del sonero cubano más versionado en el ámbito latino de los últimos treinta años, el maestro Adalberto Álvarez, el caballero del son, pues, y su orquesta.

Nunca terminé los cursos, pero llegué a dominar bastante bien la dinámica. Hice hasta el nivel intermedio y disfruté horrores. Definitivamente era un mundo nuevo para mis sentidos. Poco a poco fui descubriendo cómo ese baile se practica casi en cuanta ciudad capital exista. Los cubanos diseminados por todas partes se han encargado de eso. En cualquier buscador de la Web al colocar «salsa casino», se encuentran espectaculares videos de las más simples hasta las más complicadas ruedas; la historia y los nombres de las escuelas que las enseñan. Hay coincidencia en ubicar el origen del nombre al lugar donde se bailó por primera vez: el club Casino deportivo de La Habana. Cuando nace la rueda, el son montuno y el chachachá eran los bailes del momento, así que poco a poco se incorpora la salsa para bailar la rueda y se llamó así porque los participantes decían: «vamos a hacer la rueda como en el casino».

Debido a lo ilimitado del número de participantes fue necesario crear un lenguaje unificado para llamar las figuras del baile, y que todos pudieran hacerlas sin problemas. En cada rueda, uno de los bailarines es el líder que canta el nombre de la figura de acuerdo a su propio gusto. En vista de que las más de las veces el lugar de baile tendría la música a todo volumen, las figuras también tienen su propia seña, es decir, el líder puede no solo cantarla de viva voz, sino hacer la seña, por lo que todos siempre deben están atentos. Es un baile lleno de picardía y hasta de sensualidad. Divertido e interminable.

Me habían dicho que en Cuba cualquier lugar era bueno para bailar la rueda. «Lo verás hasta en la calle». Esa sola idea me hacía querer llegar de una buena vez. Mis expectativas eran enormes. Apenas podía esperar para disfrutar todo aquello. Nada me hubiera hecho siquiera presentir que regresaría a Caracas sin haber visto una sola rueda de casino en la mismísima Habana.

De pronto, la señal de los monitores a bordo se desvaneció. La tripulación anunciaba la aproximación al aeropuerto José Martí. Quedé totalmente sorprendida; habían transcurrido casi tres horas y ni cuenta me había dado. Tampoco había dormido un solo segundo. Por el altavoz, nos pidieron disculpas al anunciar que «por exigencia de las autoridades del gobierno cubano», la tripulación está obligada a fumigar el avión al momento de aterrizar, con una sustancia en modo alguno nociva para los pasajeros. Acto seguido, el sobrecargo desfiló por el pasillo sosteniendo un aerosol en sus manos y vaciando el contenido al tiempo que mantenía su brazo estirado apuntando hacia el suelo. El impacto del tren de aterrizaje contra el pavimento produjo una lluvia de aplausos. Miré el reloj. Faltaban minutos para que terminara ese día, 13 de agosto de 2010, cumpleaños número 84 del comandante Fidel.

UN MUNDO TAPA AMARILLA

El avión —que viajaba prácticamente lleno— se vació más rápido de lo que hubiera podido imaginar. Tal vez todos teníamos la misma ansiedad por llegar. Cada quien, con sus propias motivaciones, por supuesto. Tuve la impresión de que ese era el último vuelo que se esperaba esa noche. El aeropuerto lucía prácticamente vacío. En el trayecto hacia «inmigración», pude ver, desde un piso superior, una primera panorámica: un espacio muy amplio, con ventanales de vidrio. Abajo, un pequeño café, salas de espera y algunos comercios sin ninguna ostentación, más bien sin ningún atractivo; parecían puestos allí con el único propósito de llenar un requisito o dar una impresión decorosa. Por supuesto, no había algún aviso comercial que reconociera: bienvenida al mundo tapa amarilla, es decir, de lo genérico y sin marcas, pues.

Debía caminar rápido si no quería apartarme demasiado del tránsito que llevaba el grupo de viajeros del cual formaba parte; luego de casi 12 horas de haber salido de mi casa, ya estaba algo cansada; sin embargo, la adrenalina me recorría espontánea y me hizo entrar en estado de alerta. Poco a poco nos fuimos aproximando al área. Esperaba ver un despliegue de oficiales militares, una presencia abrumadora, como tantas veces había escuchado decir, pero lo único que advertí fue a una oficial que indicaba que debíamos recoger las planillas de embarque/desembarque. Pregunté dónde y me hizo la indicación escrutándome con una mirada penetrante e impenetrable a la vez.

Estaba tensa, expectante, aprensiva. Recordaba la apuesta de mis amigos: «A que no te dejan entrar». Tuve todo tipo de fantasías: me separan del grupo; me detienen; me interrogan; me hacen abrir y deshacer la maleta; aparece algo que yo no había colocado en mi equipaje; me devuelven por contrarrevolucionaria y enemiga del régimen; me piden visa de trabajo; me hacen esperar diez horas en lugar de cinco; en fin, decidí seguir adelante e hice gala de todo el autocontrol disponible.

Cuando me dirigía hacia el *display* de donde los pasajeros estaban tomando las planillas, alguien pasó rasante por mi lado sin detenerse y me dijo casi al oído: «¡Grado 33!». Me asusté por la sorpresa del susurro inesperado, naturalmente, y por advertir que alguien, al reconocerme, hubiera preferido identificarme con el nombre del programa de análisis político y opinión que conduje durante trece años en televisión y no por el mío propio. «Ya no», respondí absolutamente impactada al darme cuenta de que se trataba de aquel hombre de camisa azul a cuadros que me había estado observando desde el aeropuerto en Maiquetía.

Por unos segundos no le quité la vista de encima, esperando que dijera algo más que me permitiera sacar alguna conclusión; «Ya no», repetí rápidamente mirándolo con la expectativa de un diálogo, aunque fuera breve. Estuve a punto de decirle que ahora conducía un programa matutino de tendencias e información general; pero él solo me miró profundamente y siguió su camino.

Tenía taquicardia. Busqué un lugar donde poder llenar la planilla cómodamente y hacer un esfuerzo por recobrar el ritmo normal de mis pulsaciones. Mientras lo hacía, trataba de imaginar qué habría querido decirme aquel hombre. Si sabe quién soy, ¿por qué no me llamó por mi nombre? ¿Por qué mencionó mi programa anterior y no el que estaba conduciendo al aire hacía año y medio para ese momento? ¿Sería una advertencia? ¿Será venezolano o cubano? En esa sola frase, no pude advertir acento alguno. ¿Habrá querido decir que conoce el trabajo que he hecho y presume que a eso vine?

Con todas esas interrogantes me dirigí hacia una de las colas de inmigración. Al final del área donde nos encontrábamos había unos ocho cubículos funcionando delante de una pared que recorría el lugar de lado a lado. Era imposible adivinar qué había detrás. En cada unidad de inmigración, en cada cubículo, había una puerta que conducía al pasajero hacia el otro lado, una vez que terminaba su trámite de ingreso a la isla, con el oficial respectivo.

Era la próxima en una de las filas. Salvo el misterio de las puertecitas en cada uno de los cubículos, para ese momento trataba de convencerme de que todo estaba resultando tan usual como la llegada a cualquier aeropuerto. De pronto, sin advertir siquiera de dónde había salido, un hombre de camisa amarilla me abordó sin contemplaciones. Se paró a mi lado derecho. Llevaba una credencial colgada del cuello con una cinta, pero el carnet que pendía de ella estaba dado vuelta a la altura de su estómago. No pude ver nada. Lo que sí noté claramente fue su ojo izquierdo muy enrojecido. Cabello liso y castaño. Piel tostada. Ceño fruncido y muy pocas pulgas. Voz clara, bien audible y sin cortesías.

—¡Pasaporte!

—Aquí tiene, buenas noches —respondí.

—¡Nombre!

—María Elena Lavaud, y ¿usted quién es? —No obtuve respuesta y enseguida recordé que Cuba es el país de las preguntas, no de las respuestas.

Al escucharme, me sorprendí de mí misma. «¿Qué estás haciendo?», me dije. «Responde estrictamente lo que te preguntan y cállate», gritaba mi voz interior. Antes de comenzar a revisar mi pasaporte, el hombre me miró fijamente, siempre con el ceño fruncido y como adivinando mis pensamientos. De pronto una sensación de pánico me invadió. Recordé que, en una de las primeras páginas de mi pasaporte, después de la hoja con los datos de identificación, está mi visa al estado de Israel. Había estado allí un par de años atrás para grabar un documental acerca del museo Yad

Vashem de Jerusalén, que había recibido el premio Príncipe de Asturias a la concordia, como institución dedicada a rendir tributo a los tres millones de víctimas del holocausto. «Ahora sí que no te salvas del interrogatorio a puerta cerrada», pensé. Pero enseguida me obligué a recobrar la calma recordando que días antes de mi partida de Caracas, una de las noticias más relevantes había sido una declaración de Fidel Castro haciendo un llamado al máximo líder de Irán, Mahmud Ahmadineyad, para que cesara de difamar a los judíos. Era una de las primeras entregas de una serie de reportajes que estaba publicando el periodista Jeffrey Goldberg de la revista *The Atlantic* y que marcaban el regreso del comandante Cubano a las primeras planas de buena cantidad de diarios internacionales. El hombre advirtió el visado de Israel y continuó pasando las páginas. También las preguntas.

—¿Dónde compró su boleto a Cuba?

—En una agencia de viajes.

—¿Viaja sola?

—Sí.

—Qué viene a hacer en Cuba?

—Pasear. Estoy de vacaciones.

—¿Algún cubano la espera?

—No. Ninguno en especial.

—¿Dónde se aloja?

—En un hotel

—¿Profesión?

—Comunicadora.

—¿Comunicadora? ¿Eso qué es? —dijo muy molesto y sorprendido a la vez— ¿Comunicadora de qué? —Se le notaba cansado.

—Soy comunicadora social. El título que me entregó la universidad en mi país dice así: licenciada en Comunicación Social. Esa es mi profesión.

El hombre levantó la vista y me miró enfurecido. «Ahora sí te volviste realmente loca», pensé. ¿Qué estás haciendo? ¿Buscando una noticia antes de llegar a tu viaje de turismo?». Un escalofrío me recorrió por dentro y la adrenalina viajaba a millón por mi organismo de nuevo. Por fracciones de segundo pensé que aquel hombre interpretaría aquello como una provocación: evidentemente yo evitaba decir «soy periodista», algo que tal vez él ya sabía, pero que a mí no me daba la gana de decir. La campana me salvó de todas formas, o el cansancio y el ojo enrojecido de aquel hombre, o la mismísima virgencita de la Caridad, patrona de Cuba. En ese instante, se escuchó la voz de la oficial a cargo del cubículo ante el cual estaba yo haciendo la cola. «Siguiente», gritó. Con gesto interrogante miré descaradamente al hombre, que aún sostenía mi pasaporte. Mi ser racional no lograba comprender la lógica de mis actos un tanto desafiantes, como queriendo demostrar que no iba a ser fácil intimidarme. Él a su vez miró un segundo a la oficial que me esperaba y con cierta brusquedad me devolvió el pasaporte. «Pase», dijo con un gesto perdonavidas muy agotado que nunca olvidaré.

Con las piernas aún temblando, avancé hasta ponerme frente a la oficial que revisaría mis documentos para ingresar formalmente a la isla. Era morena y llevaba el cabello impecablemente recogido y engominado, un lujo que allá muy pocas mujeres pueden darse, simplemente porque es prácticamente imposible conseguirla y porque no es un artículo de primera necesidad. Digamos que en este caso es parte del *good looking* reservado a aquellos privilegiados que trabajan en actividades vinculadas con el turismo.

Comenzó a revisar mis documentos. Me miró muy seria, observándome cuidadosamente. Volvió la vista a mi pasaporte. Leyó y pasó las páginas rápidamente. De nuevo me miró. Esta vez me escrutaba, al tiempo que desprendía la mitad de la famosa tarjeta o visa de turista. Creí que el alma se me saldría por la boca. No me había recobrado aún de la escena con el hombre del ojo rojo, seguramente un G2, es decir, parte del famoso cuerpo de inteligencia cubana. Creo que estuve aguantando la respiración todo ese tiempo del papeleo. De pronto, la mujer soltó una enorme sonrisa y dijo:

—¡Feliz cumpleaños y bienvenida a Cuba!

—¿Cómo? —Dije en los límites de mi sorpresa.

—¡Ya pasó la media noche! —dijo muy alegre—. Hoy es 14 de agosto, día de su cumpleaños, lo dice su pasaporte. Que disfrute el viaje y de nuevo bienvenida. Siga por esa puerta.

Apenas pude balbucear las gracias. «Tan atenta», le dije. Estaba absolutamente en *shock*. Mira que esperar una requisa o un interrogatorio militar y encontrarse con un alegre «Feliz cumpleaños», eso sí que fue de *ripley;* eso sí es verdad que le resultaría poco menos que insólito a mis amigos que apostaban que ni entrar a la isla me dejarían.

En efecto, era mi cumpleaños. El primero, de los 46 que llevaba hasta entonces, que pasaría sin mi familia. Abrí la puertecilla aún presa del impacto y la sorpresa. Creo que el corazón quería salirse de mi cuerpo, pero mi mente marcaba la pauta. «Respira. Tranquilita, avanza, vamos. Ya estás adentro». Comencé a seguir el rumbo a los pasajeros que caminaban adelante hacia la correa donde debíamos buscar el equipaje. Creo que ese fue el único momento en el que extrañé tener a alguien con quien compartir semejante balde de agua fría. Seguía caminando, lenta, porque en realidad lo que me provocaba era pararme y desternillarme de la risa, o de los nervios, da igual, y desahogar toda aquella tensión. El asunto es que me estaba resultando difícil coordinar mis impresiones.

Mientras caminaba, decidí echar un vistazo al pasaporte para revisar que todo estuviera bien. La oficial no lo había sellado, en efecto, pero sí la otra mitad de la visa. Ahora que recuerdo, antes de darme el feliz cumpleaños, me advirtió que ese sería mi documento de identificación durante mi estadía. Que me cuidara muy bien de perderlo, y que lo llevara siempre conmigo. Decidí guardarlo en la cartera, para poder tener las manos libres y cargar la maleta. Cuando la abrí, noté que allí estaba la famosa tarjeta internacional de embarque y desembarque. Nunca la entregué. La había olvidado, y lo más curioso, tampoco me la pidieron.

En una de las curvas de la correa de equipajes, vi a la negrita pizpireta de nuevo. Me acerqué. Sentía una imperiosa necesidad de hablar con alguien; de lo que sea; solo por desahogarme.

—¿Todo bien? —le pregunté—. Tienes cara de enamorada. ¿Te está esperando alguien?

—¡Sí! —rio pícara. Pero ya le dije que esta es la última vez que vengo este año. Ya está bueno. Tengo todo mi trabajo atrasado, qué va.

—¿Y él por qué no te visita alguna vez? Así se turnan.

—Él no puede. Tú sabes. Para salir tendría que casarse primero; con una extranjera ¿no? Entonces podría tener derecho a entrar y salir.

—¿Y no tienen planes?

—¡Nooo! Por ahora no —dijo con una sonrisa cómplice para luego soltarme esta perla—: «Es que él es babalao y... no sé».

Al instante siguiente y sin darme chance de preguntar más nada, salió azarosa hacia la parte inicial de la correa. Había visto su maleta y quiso acercarse para recogerla sin perder más tiempo. «¡Nos vemos!», me gritó alegre.

Me quedé allí absorta por unos minutos, esperando mi maleta y pensando al mismo tiempo en la prisión de los cubanos. Mira que no poder salir de su propio país libremente, cuando les provoque; es un horror, sin duda. Pocos días después supe que hay otras vías a través de las cuales los cubanos pueden lograr salir, pero todas, indefectiblemente, pasan por la venia del gobierno. Así que mientras en el primer mundo ya el pasaporte de la Comunidad Europea unifica a sus ciudadanos en esa identidad, y sin entrar a evaluar más allá los alcances de ese estatus a nivel de desarrollo y progreso, en la isla, la sola idea de salir hacia otros mundos es simplemente un sueño lejano, o un viaje muy probable a la muerte, como ha ocurrido con tantos balseros que lo han preferido antes que el secuestro de su libertad o el chantaje político a cambio del disfrute de un derecho meramente humano.

En eso pensaba, distraída, mirando desfilar un montón de maletas, menos la mía, cuando de pronto escuché que alguien gritaba mi nombre a mis espaldas. Se escuchaba algo lejos; hasta creí que eran ideas mías. «Deja la paranoia, chica», gritó mi *alter*. Pero no, no era paranoia. Me quedé inmóvil, aguzando el oído, haciéndome la desentendida, y lo volví a escuchar: «María Elena Lavaud», así, tal cual se escribe, porque se pronuncia es «Lavó», con acento en la ó y sin pronunciar la última letra, por francés, aunque en verdad parte de mis raíces directas quedaron enterradas en *La Martinique*, cuando en 1902 el volcán Monte Pelée hizo erupción y destruyó casi por completo *Saint Pierre*, el primer asentamiento europeo de aquella otra isla, de donde llegó mi apuestísimo y elegante abuelo paterno.

Ahora sí que estoy frita —pensé enseguida— de esta sí que no me salvo. Interrogatorio seguro. «Ahí tienes, pues, periodista. Por descarada». Cada vez escuchaba el grito de mi nombre más cerca. «¡Reacciona, mija, o van a pensar que te estás escondiendo». De nuevo mi *alter* hizo de las suyas. «¡A la orden!», dije en un tono marcadamente militar, y al mismo decibel de la voz que me llamaba. Lo hice levantando la mano y dándome vuelta al mismo tiempo. Los pasajeros que estaban a mi lado soltaron unas risillas disimuladas. Entonces me encontré frente a frente con una mujer de baja estatura; traje sastre azul, y camisa blanca. Sostenía un papel con mi nombre escrito a mano en letras bien grandes.

— ¿Usted es María Elena? —preguntó.

—Yo misma. Dígame.

—La estamos esperando afuera. —¡Andaaaa!, sentí un hueco en el estómago—. Somos los mayoristas de turismo encargados de su traslado al hotel.

Tuve que hacer un esfuerzo por reprimir una carcajada que con muchísimo gusto hubiera soltado junto a una palabrota.

—¡Qué bien! —dije educadísima—. Muchas gracias, pero todavía no ha salido mi equipaje.

—No se preocupe. La esperamos afuera. Saliendo por la puerta del fondo, a mano derecha encontrará nuestra oficina. Allí estará el chofer que la llevará a su hotel.

—Entendido. Muchas gracias, dije aún bastante risueña para aquella circunstancia tan corriente.

Sinceramente «mucho con demasiado», pensé. Para ese momento estaba agotada por el sube y baja de toda aquella montaña rusa emocional. Me froté la cara con las manos para despabilarme y en ese instante apareció por fin mi maleta; la misma que embarqué en Maiquetía y que ahora, sin embargo, apenas podía sacar de la correa. Mis energías estaban completamente disminuidas.

Poco a poco, a medida que me acercaba al fondo del salón, fui descubriendo una escena realmente grotesca. Había una serie de unidades o cubículos descubiertos, creo que de acrílico transparente, donde oficiales de inmigración, o funcionarios policiales —no pude identificar la diferencia— manejaban modernas computadoras detectoras de metales. Estaban revisando los equipajes de los pasajeros que habían llegado allí antes que yo.

Me quedé petrificada al ver todo aquello. Del lazo izquierdo, donde comenzaban los cubículos dispuestos en forma de «U», había un larguísimo mesón. Allí, encima, estaba regado todo el contenido de una maleta cuya dueña se quejaba amargamente mientras manoteaba protestando. Era la morena de cabellos rizados que en el avión había dormido un asiento de por medio en mi fila durante todo el viaje. No era brasileña como a mí me había dado por pensar. Era inconfundiblemente cubana y le estaban revisando hasta las cerraduras de la maleta; todo; su ropa, sus cosas personales; todo estaba desparramado en aquel mesón.

Más adelante, en el primer cubículo, estaba otro pasajero con la maleta abierta también, pero en el suelo. La mitad de su contenido todo revuelto, y sostenía una interminable refriega verbal con el oficial que lo revisaba pieza por pieza. Aquello parecía un mercado persa. Por el amasijo visual que representaban todas aquellas prendas y objetos desparramados, y por el ruido de la muchedumbre. Todos discutían; unos más acalorados que otros. Pero discutían. Irremediablemente. Uno, dos, tres… cinco, seis, siete cubículos.

Mi vista viajaba de izquierda a derecha, observando atónita aquel espectáculo. Los pasajeros se quejaban amargamente, y la actitud de los oficiales era hierática; de una crudeza absolutamente inhumana; trataban a los pasajeros hasta con sorna y ensañamiento, imperturbables ante todos los argumentos. Mi vista se detuvo en la discusión que estaba sosteniendo un pasajero en el último cubículo, a mi mano derecha, el más próximo a donde me encontraba petrificada, en el centro de aquella «U» imaginaria. De pronto, una voz muy audible y en tono de reclamo me sacó de la abstracción.

—¿Qué haces ahí parada? —dijo en una especie de grito-susurro, como cuando uno regaña a un hijo con los dientes apretados y bien cerquita para que las visitas no escuchen.

Me despabilé y demoré unos segundos en hacer foco en aquella cara, que para el momento se había acercado lo suficiente para ponerse frente a mí y de espaldas a los oficiales. Cuando lo reconocí, sentí que toda la sangre de mi cuerpo se había mudado a mis orejas. Un calor inenarrable se apoderó de ellas.

—¿Aquí es la cola? —dije temblorosa.

—¡Tú no tienes que hacer esto! —me dijo frunciendo el ceño y todavía hablándome con los dientes apretados—. ¡Toma esa puerta que tienes a tu derecha y sal de aquí de inmediato. ¡Ya tú entraste! Vienes de turista, ¿no? ¡Vete de aquí inmediatamente! ¡Anda! ¡Apúrate! ¡No tienes que estar aquí!

Sentí que el corazón se me arrugó en una fracción de segundo. Un nudo llegó a mi garganta sin poder evitarlo, y fue imposible también reprimir las ganas de llorar. Sentí que aquel hombre me estaba protegiendo, y lo presentí avergonzado al mismo tiempo de todo aquel espectáculo. Entonces lo entendí todo. Aquella era la bienvenida para los cubanos que, por una u otra circunstancia, lograban la hazaña de salir de la isla, y emprendían además la proeza de regresar. Allí estaban aquellas cinco horas de aduana que había escuchado en el autobús. Allí estaban el trato vejatorio; el soborno y el chantaje; el precio que todo cubano debe pagar por haber salido de su patria, o peor aún, por regresar trayendo en su maleta algo de progreso o comodidad para sus familiares y seres queridos.

Me costó reaccionar y disponerme a traspasar aquella puerta. Lágrimas inevitables corrían por mi cara. Podía percibir la humillación a la que eran sometidos; incliné la maleta con el pie y comencé a andar. En ese momento escuché a un oficial gritar: «Siguiente». En un gesto automático que no pude evitar, mientras caminaba hacia la puerta de salida, miré hacia atrás: era el turno de la requisa para aquel hombre que me había hablado segundos atrás. Era cubano; solo los cubanos son sometidos a ese vejamen. Era el turno para el hombre de la camisa azul a cuadros y los lentes de aumento.

Seguí las instrucciones que me habían dado. Salir a la derecha y buscar la oficina de turismo encargada de mi traslado al hotel. Allí llegué, pero no había nadie. Estaba cerrada, al igual que prácticamente el resto del aeropuerto. Me detuve en otra oficina de turismo para preguntar y me dijeron: «Ellos están por allí. Espere aquí mismo que seguro en unos minutos la vienen a buscar».

Había no más de veinte personas esperando a los pasajeros de nuestro vuelo. Bien acomodaditos, presentables. De todas las edades. Alegres, pero sin aspavientos. Esperando con paciencia ese vuelo que debía haber llegado a las 10 de la noche. Ya había pasado media hora después de las 12. No obstante, la ropa que llevaban, en un primer vistazo rasante que eché, me dio un indicio de lo que luego encontré en cada rincón: una gran austeridad, por no decir una gran necesidad.

Por fin apareció de nuevo la chica del taller azul, para decirme que me enviaría a mi sola pues los otros pasajeros no habían llegado. Me embarcó en un taxi que no puedo recordar cómo era, por más que hago el esfuerzo. Supongo que el cansancio para ese momento era más fuerte que mis ganas y mi necesidad de verlo y escrutarlo todo.

Fue poco lo que pude ver a esas horas de la madrugada, en medio de la oscuridad de la noche. No obstante, en el primer semáforo donde nos detuvimos, pese a mi gran agotamiento, alcancé a comentarle al chofer:

—¡Qué semáforos tan modernos!

—¡Sí! —dijo— son relativamente nuevos. Es una donación de Venezuela. Tienen poco más de un año instalados.

Se trata de esos semáforos inteligentes que van indicando los minutos que faltan para que cambie la luz. Los mismos que un alcalde oficialista de Caracas se negó a que fueran instalados en sus predios y todo porque la iniciativa partía del Alcalde Metropolitano, una instancia superior de la oposición. Al menos así lo establece la ley porque en la práctica, el gobierno se había encargado de designar una autoridad distinta a la que eligieron los ciudadanos y a la que transfirió la mayoría de las competencias, incluyendo el presupuesto, que correspondía a la Alcaldía Metropolitana. En fin. Allí en La Habana sí que estaban instalados y funcionando muy bien los semáforos inteligentes.

Por dos veces durante el trayecto hacia el hotel, tropezamos con alcabalas de la policía. El chofer disminuía la velocidad, se colocaba el cinturón de seguridad, para luego seguir la marcha, quitarse el cinturón y luego volver a ponérselo cuando divisaba una nueva alcabala. Se hace la ley y la trampa, sin duda.

Unas pocas cuadras antes de llegar al hotel, comencé a ver gente caminando por las calles. «Al menos no temen a la inseguridad», pensé. ¿Y qué prefieres tú? —decía mi *alter*— ¿que no haya inseguridad?, pues tampoco hay esperanzas de ser libre y salir de tu país cuando quieras». Definitivamente el costo de caminar por las calles de La Habana a la una de la madrugada con toda confianza es altísimo.

—¡Cuántas parejitas por aquí! —comenté al chofer observando una de ellas que se besaba sin remilgos en plena vía pública.

—Somos querendones en Cuba —respondió—. En esta zona además hay unos cuantos lugares nocturnos para bailar y divertirse.

Llegábamos finalmente a mi hotel, uno de los más apreciados en la ciudad, ubicado en la zona de El Vedado; para muchos, el más importante del Gran Caribe. El trámite de *check in* fue relativamente rápido. A esas horas de la madrugada, solo quedaba el personal mínimo indispensable en la recepción, y el *lobby* estaba prácticamente desierto. Tomé mis llaves, la tarjeta de identificación y me apuré a subir a la habitación. Estaba desesperada por llegar. Agotada física y emocionalmente, sobre todo.

Al entrar en la habitación, en el piso 3, no pude resistir la tentación de ver qué estaba pasando la televisión cubana a esa hora, mientras abría la maleta y me disponía a tomar una ducha. El recibimiento fue contundente: un locutor en cámara leía las «Reflexiones de Fidel», una suerte de editorial que el comandante escribe para el diario *Granma*, y que la televisión cubana transmite y retransmite durante varios días. El que estaban pasando en ese momento, había sido transmitido por primera vez un par de días atrás, el 12 de agosto, y su título era: «El Gigante de las siete lenguas, parte 2», con traducción al inglés, además. Hablaba de la candidatura de López Obrador en México; de Clinton; del expresidente Salinas de Gortari; de Cuauhtémoc Cárdenas. Mis neuronas no daban para asimilar todo aquello. Preferí la ducha, una llamada a recepción para que me despertaran a las seis y media de la mañana y a dormir. Ya eran las dos y media de la madrugada del día de mi cumpleaños.

MADRUGONAZO

A las seis y media de la mañana corrí las cortinas y abrí la ventana. Un viento húmedo se coló en mi habitación. Frente a mí estaba el gran malecón de La Habana. El famoso malecón, ese que tantas y tantas veces había visto en reportajes, fotos y películas. El sol despuntaba ambicioso y el mar aún estaba rendido. La calle mostraba pocos carros, cuyos modelos podía divisar aún a lo lejos; eran el perfecto maridaje para las fachadas de los edificios y construcciones aledañas que también podía divisar desde mi ventana. Viejos. Con la pintura corroída por el viento, el salitre del mar tan próximo y el agua. Viendo aquello sentí como si hubiese viajado en la máquina del tiempo a un lugar anclado en los años 60. Extraña sensación. Todo lucía apacible. En cambio, yo, internamente, después de aquellas pocas horas de sueño, me sentía agitada y luchaba por vencer mi propia inercia.

La habitación era confortable. Cama matrimonial, una cómoda amplia y un televisor de unas 40 pulgadas. Al extremo izquierdo, un espejo de pie antiguo, de esos que basculan y descansan sobre una base de un par de gavetas. El espejo estaba contra una puerta que imagino comunicaba a la habitación de al lado. La revisé. Estaba condenada.

El clóset era amplio y había almohadas adicionales, gran detalle para mí. Caja de seguridad; pequeña nevera con minibar incluido: refrescos tapa amarilla; cerveza, jugos tapa amarilla; agua natural embotellada y gasificada también, otra bendición para mí; whisky, ron cubano, chocolate negro tapa amarilla, galletas tapa amarilla también, vodka, tequila, una caneca de ron, vino tinto, y ¡red bull! ¡Bingo! La única marca del capitalismo que distinguí en aquella neverita. En el baño, secador para el cabello y una cestita con pequeños frascos de crema hidratante y gel para lavarse los dientes.

Me alisté rápidamente. Tenía hora y media para arreglarme y desayunar. Debía estar en el lobby a las ocho, hora prevista para el tour por la ciudad, según los arreglos hechos en Caracas. Bajé y al entrar al comedor el gerente de banquetes, apostado en la entrada detrás de un atril con una carpeta y varias hojas de papel, me dio los buenos días y preguntó:

—Su número de habitación, por favor.

—Es la tres… hum… no recuerdo, déjeme buscar la tarjeta de identificación. Es que recién llegué anoche muy tarde.

—No se preocupe —dijo risueño—, ya sé lo que necesito. Piso tres. Usted se aloja en el piso tres. Es suficiente. Adelante.

¡Cosa más grande! Lo lógico o usual, que yo sepa, es que se anote o marque en una lista el número de habitación del huésped que ya ha tomado su desayuno. Pero no; me pareció que lo que le interesaba saber a aquel hombre era el tipo de huésped que estaba recibiendo y eso obviamente venía determinado por el piso donde cada quien había sido alojado. Yo estaba en el piso tres. Supuse que uno de los reservados al turismo puro y simple. Y suponía bien, a juzgar por el breve intercambio que tuve en el ascensor, mi penúltimo día en la isla.

La presencia de aquel hombre ya no me era ajena. Con el correr de los días había aprendido que, de tanto en tanto, cuando el ascensor estaba a punto de cerrarse, se colaba en su interior uno de los hombres de los que regularmente deambulaban por el hotel, con un uniforme bien particular: no era el que usaba el personal de mantenimiento, pero tampoco el reservado a los de seguridad. Hacía el trayecto en el ascensor y nunca bajaba en algún piso mientras hubiera huéspedes a bordo. Un personal de inteligencia, con toda seguridad. Aquel día me preguntó:

—¿De dónde nos visita?

—De Caracas —dije.

—¡Ah! Usted está en el piso dos —dijo marcándolo de inmediato en el tablero— con el grupo del ministro Alí Rodríguez que llegó anoche.

Una amplia sonrisa fue mi única respuesta; no quise sacar al hombre de su error, pensando en que así evitaría que se pusiese a investigar sobre aquella venezolana que no pertenecía al grupo del ministro. Cuando el ascensor se abrió en el piso dos, me bajé y eché a andar por el primer pasillo que encontré. Al escuchar las puertas cerrarse tras de mí, corrí a buscar las escaleras y subí un piso para llegar finalmente a mi habitación. Al entrar, por enésima vez con taquicardia, no pude evitar recordar la presencia de una caravana de carros de lujo que había notado el día antes a la entrada del hotel, algo que no había visto en los alrededores hasta entonces. En ese momento, me alegré de saber que era mi última noche en La Habana. Al día siguiente me cuidaría de ir a desayunar bien tarde. Era lógico pensar que la delegación de Caracas con el ministro a la cabeza estuviera en funciones de trabajo, por lo que calculé desayunarían entre 7 y 8 de la mañana. Ese día pasé hambre hasta las 10. Por las dudas. Y perdí mi esfuerzo de ayuno, por cierto, porque cuando subí al lobby, después de aquella comida tardía, me encontré frente a frente con el ministro. No creo que me reconociera, pues llevaba yo lentes oscuros y el cabello engominado y recogido. Nada que ver con mi imagen de periodista de televisión. Sin embargo, el ministro se quedó mirándome mientras yo seguí imperturbable mi camino hacia la salida del hotel.

Tomé el desayuno aquel primer día y elegí lo clásico: huevos revueltos, un poco de queso blanco y pan. Café, por supuesto. Dos tazas. Ciertamente se trataba de un *buffet* bastante bien surtido, pero nada de aquello llamaba mi atención. De hecho, soy mala para desayunar. Un mal hábito determinado por los horarios irregulares de mi trabajo. Sin embargo, me obligué a hacerlo. No sabía cómo podría terminar el día ni a qué hora regresaría al hotel.

Me acerqué a un pequeño escritorio en el lobby donde me habían indicado que podría preguntar acerca de mi *tour* por la ciudad. Un hombre que debió andar más cerca de los sesenta que de los cincuenta, me atendió displicente; diría que hasta mal encarado. No tenía ninguna información acerca de mi reserva para el paseo. «Debe ser otro día. Su nombre no aparece en los registros del día de hoy». Insistí. De mala gana, ese Javier, recuerdo, me prometió averiguar, y me sugirió esperar en una de las salitas del lobby.

Llevaba pantalones de lino estilo pescador; un suéter de algodón y tejido muy fino, casi transparente, y sandalias cómodas; la cámara fotográfica lista, mi bolígrafo y una libreta para anotar cualquier dato que debiera recordar con precisión. Todo a la romana vieja, incluso un celular que tenía guardado en una gaveta. Nada de tecnología llevé; ni el blackberry, ni un grabador, ni mi PC portátil. Nada que pudiera hacerme pasar un mal rato o despertar las suspicacias de los gendarmes de los alrededores.

El hotel tenía otro color y otro ritmo a esa hora de la mañana. Los huéspedes vestían casi todos de playa: shorts, franelas, cholas, sandalias. En fin, el ambiente era el de un paraíso playero. Caminé un poco a lo largo del pasillo central. Un par de pequeños puestos de ventas llamó mi atención. El primero, la clásica venta de postales de recuerdo; baterías para las cámaras y varios libros turísticos de la isla. En el segundo, un aparador con piezas de mármol. Me acerqué y comencé a detallar cada una de ellas. Eran ceniceros de varios modelos y pisapapeles, entre otros objetos. Hermosos, realmente. Había de mármol rosado y gris. Pregunté el precio de un lindo cenicero de no más de 12 centímetros de diámetro, a una mujer de aspecto jovial que atendía el lugar.

—Son 10 Cuc. Mi sueldo de un mes —me soltó de una vez a bocajarro.

—Entonces es bien caro —dije.

—Para nosotros sí, imagínese. Yo quisiera tener uno en mi casa. Son bellísimos, hechos con piedra de mármol de la isla. Pero eso para mí es imposible. Tengo que ahorrar para otras cosas. Imagínese, que un par de zapatos para mi hijo me puede costar 100 Cuc y yo gano 10 al mes.

—Guao —dije sorprendida—. Eso no parece justo.

—Usted es muy guapa, ¿de dónde nos visita? —dijo todavía risueña.

—Llegué anoche, vengo de Venezuela.

Escuchar aquello fue como mostrarle a Superman un puñado de Kryptonita. El semblante de la mujer, junto a su actitud y hasta la mirada, se transformó de inmediato. Había salido del lado de atrás del aparador para conversar conmigo. Del tiro, se volvió enseguida a su sitio, y azarosa, comenzó un pequeño discurso.

—¿Venezuela? ¡País hermano! ¡Bienvenida!, somos felices aquí en Cuba ¿sabe? y nunca nos acostamos sin comer, que es lo que importa. Yo amo mi país, definitivamente. Lo demás son detalles, tonterías.

Para ese momento, un hombre de traje azul y corbata negra, peso medio y bigotes, de rictus realmente adusto y que recorría el pasillo central, disminuyó su paso a la altura donde yo me encontraba. Nos miró a las dos; insinuó una sonrisa y siguió su recorrido. Uno de los hombres de seguridad de Estado, sin duda. Luego descubrí unos cuantos más sembrados en todos los ambientes del hotel. Eran fácilmente identificables, pues el personal del hotel, entrenado seguramente igual que aquellos, vestía de blanco, y eran los llamados a tratar directamente con los huéspedes.

—¿Cuál va a llevar?

—En este momento ninguno, gracias. Aún debo cambiar algo de dinero. ¿Dónde puedo hacerlo? —pregunté.

—En la taquilla del *front desk*, o abajo en el sótano, al final del corredor que pasa frente al comedor. Es camino a la piscina.

—Muchas gracias —dije—, es usted muy amable. Buenos días.

Comencé a caminar hacia el sótano, como me indicaba, pensando asombrada en lo que acababa de escuchar. El cambio en el discurso y la actitud de aquella mujer al mencionarle mi nacionalidad había sido dramático. Al comienzo, cuando hizo la comparación del costo de los zapatos del hijo con su sueldo, lo que escuché era casi un espejismo espartano. Luego, sobrevino aquella cartilla interminable: «soy feliz; amo mi país; no paso hambre». Me impresionó. Lo esperado, de acuerdo a la información que recibimos desde afuera, en el mundo exterior, donde Cuba es las más de las veces un mito o una mera referencia documental, era este otro discurso sembrado por años, pero que, en apenas unos minutos de conversación, descubrí frágil como el vidrio, y nada sólido como aquellas piezas de mármol que lo habían inspirado.

Obviamente, la vinculación del gobierno revolucionario venezolano con Cuba es materia vista para los ciudadanos en la isla. Todos saben perfectamente los muchos beneficios que implica la relación con Venezuela. Así que, para aquella mujer, sus lamentos e infidencias no eran posibles ni convenientes con alguien que venía de ese país que les estaba permitiendo gasolina para echar a andar las guaguas y los almendrones, entre otras cuantas cosas. Supondría, imagino, que yo formaba parte de esos frecuentes contingentes de venezolanos que visitan la isla en labores de adoctrinamiento o convenios e intercambios binacionales. Mejor callarse la boca entonces. Pero para mí, el primer indicio estaba dado. Lo menos que esperaba era escuchar aquello, a bocajarro, sin escarbar siquiera, y en el hotel; sin escudriñar ni hacer yo ningún esfuerzo por saber. Era demasiado obvio el deseo de transmitir aquello a un turista. Lo consideré una apuesta a que aquel sentimiento y aquella realidad que me revelaba la mujer, llegara de rebote al país de origen de esa turista que simplemente había preguntado el precio de un cenicero de mármol, solo que viniendo yo de Venezuela, había que recoger el agua derramada.

Bajé al lugar que me indicó la mujer para cambiar unos cien dólares americanos. Del mercado negro. Seis bolívares me habían costado cada uno de ellos, cuando el cambio oficial promediaba los cuatro. Otra de las penurias de los viajeros venezolanos, producto de un control de cambio que comenzaba a salirse de las torpes manos del equipo económico del gobierno venezolano.

En aquella belleza del Caribe, todo pasa indefectiblemente por las manos del comandante y sus acólitos. Todo. Por eso en cada minuto, a cada paso que daba, me preguntaba hasta dónde mis movimientos estaban siendo vigilados. «¡Boba!, claro que te vigilan. Pareces tonta —decía mi *alter*— ¿o tú crees que después de 40 años de gendarmería se les va a pasar el detallito? ¡Sí señor! ¡Segurito! ¿No ves que tú no tienes los mismos años de la revolución venezolana echando plomo verbal con todos tus programas? ¡Seguro te anularon el tour para medirte, a ver qué haces! ¡Deja la necedad y abre los ojos es lo que tienes que hacer!».

En 1994, año en el cual el comandante golpista venezolano salió de prisión, uno de sus primeros movimientos fue un viaje a Cuba, coincidiendo con el décimo aniversario de su primera visita a la isla. Lo hacía en calidad de máximo dirigente del Movimiento Bolivariano Revolucionario-200, una de sus primeras organizaciones políticas. En aquella oportunidad, diciembre de 1994, el comandante Fidel rindió honores de jefe de Estado al golpista venezolano, vislumbrando sus cualidades excepcionales como líder político y discípulo de Bolívar y de Martí.

Su discurso en la Universidad de La Habana fue memorable. Al menos para mí. Allí estaban las líneas maestras de su proyecto y su famosa frase: «Cuba es el mar de la felicidad y hacia allá debemos enrumbarnos en Venezuela». Palabras más o menos, esa era la promesa básica. Recuerdo que un año después, al salir al aire el programa que conduje por 14 años, hice un especial analizando palabra por palabra de todo lo dicho en ese discurso. Para mí, eran clarísimas las intenciones de aquel hombre que, no habiendo logrado hacerse del poder por las armas, lo haría sirviéndose de la democracia que tanto había criticado y que pretendió erradicar de un solo plumazo, afortunadamente sin suerte, aunque en el envión se llevó por delante la vida de unos cuantos venezolanos.

Esa posición crítica, aguerrida, me trajo consecuencias inmediatas. Perdí amigos. Fui duramente criticada, por exagerada y radical. Me llamaron escéptica y hasta cómplice de los desmanes y desaguisados de la democracia y sus líderes. «¿Tú no entiendes que hace falta un cambio? ¿Que esto se jodió?», me dijeron. Pero sí que entendía que el liderazgo democrático había perdido la sintonía con las masas; que había abusado; que después de 40 años era mucho lo que estaba por hacer; sí que lo entendía; lo que no estaba dispuesta a convalidar, eran las pretensiones de un militar insurgente y torpe, que ahora echara mano de la democracia con faldas de corderito para llegar a la misma meta: el poder. Eso sí que no; al menos no lo callaría.

De regreso al lobby, pasé de nuevo frente a aquel Javier mal encarado. Nada. No había novedades acerca de mi ticket para el *city tour*. Me dispuse a esperar tomando otro café en los jardines de aquel otrora castillo. Una mujer morena de cabello pulcramente recogido, pantalones bermudas, camisa a rayas blanca y celeste, con delantal y una suerte de zapatos «*Crocs*», se encargaba de barrer los corredores que bordeaban el jardín central del hotel, justo delante de mí. Llevaba medias cortas de algodón y cuando advertí un bordado en ellas, no pude menos que esbozar una tremenda sonrisa; las medias decían «USA»; el imperio, siempre el imperio omnipresente; el culpable de la mayoría de los males de la isla. Pero allí estaba, en los pies de aquella mulata con cara triste y resignada, que hacía su trabajo lavándole la cara a los pisos de uno de los hoteles más visitados de la isla.

La colina donde se encuentra el hotel fue anfitriona a mediados del siglo XIX, de la famosa batería de Santa Clara. El cañón «Ordóñez», uno de los más grandes de la época, aún descansa en sus jardines. En el morillo de Punta Brava, el regidor don Luis Aguiar hostigó a los británicos durante el sitio y asalto a La Habana. En homenaje, su apellido da nombre al restaurante más famoso y lujoso del hotel, construido en apenas dos años por las firmas americanas Mc Kim, Mead & White y la Purdy Henderson Co, encargadas de los planos y la ejecución.

Los jardines son realmente hermosos. Desde donde me encontraba, la vista era majestuosa. Al fondo el mar Caribe, la boca del lobo para muchos cubanos; o la tabla de salvación y hasta la muerte para otros. La planta principal me hizo recordar aquellas iglesias del Medioevo. Unas simuladas vigas en los techos rememoran un viejo monasterio catalán con reminiscencias árabes. Una vista general del lobby ofrece una combinación ecléctica de losas mudéjar y lámparas y techos de viga isabelinos, algo así. Su arquitectura está matizada por el Art Decó y lo neoclásico y neocolonial impera en los detalles del diseño. En el material promocional del lugar, se hace hincapié en las bondades de una suite presidencial que por supuesto no vi, pero que podría explicar la visita de personalidades del arte, la literatura, la política, el comercio, la ciencia y los negocios, época tras época: Johnny Weissmuller (el tarzán de mi infancia), Buster Keaton, José Mujica, Jorge Negrete, Agustín Lara, Tyrone Power, Rómulo Gallegos, Errol Flyn, Marlon Brando y, por supuesto, Ernest Hemingway son algunas de las figuras que en algún momento respiraron las noches de La Habana en ese hotel, el Nacional. Ah, y no hay que olvidar a los célebres representantes de la mafia ítalo-estadounidense como Santos Traficante, Meyer Lansky, Lucky Luciano y Frank Costello. Si las paredes hablaran.

A finales de la década del cincuenta, el hotel fue remozado respetando los planos originales. Una necesaria lavada de cara que le puso, confort mediante, en la mejor posición de competir por la preferencia de los huéspedes internacionales, léase de nuevo, los necesarios dólares del turismo. Sin duda, se trata de un «castillo encantado», como le llamó alguna vez el escritor cubano Alejo Carpentier. Hasta hoy, y desde su inauguración el 30 de diciembre de 1930, el Hotel Nacional de Cuba ha simbolizado clase y prestigio, y los esfuerzos para que siga en esa línea son evidentes.

Los esfuerzos, digo, porque no deja de ser un gran contrasentido que en uno de los hoteles más lujosos de La Habana, sea prácticamente una hazaña encontrar, por ejemplo, una simple servilleta de papel.

Eran ya las nueve y media de la mañana. Decidí volver al lobby y sentarme cerca del escritorio de aquel Javier, esperando cualquier seña suya, y al mismo tiempo, observando con comodidad la entrada principal. Frente a mí, un grupo de tres chicas conversaba animadamente. Estaban esperando también a su guía para la visita a la ciudad. Por el acento, que me hizo recordar a una compañera de mi primer trabajo, allá por mis 16 años, supe que eran chilenas. Un trío de esos típicos que comienza con una madre madura, productiva e independiente (sin marido casi seguro), una hija adolescente, y una amiga de la misma edad; fórmula clásica para mitigar el aburrimiento juvenil y para garantizar el descanso adulto. Me la sé de memoria. Siempre funciona, además.

No era la primera vez que visitaban la isla, pero tomaban el recorrido precisamente para mostrarle a la amiga invitada. Rapidito, eso sí; solo un par de días en La Habana, porque el motivo principal del viaje era Varadero y alguna que otra playa que garantizara el descanso verdadero. Eso me dijo aquella mujer socia de una agencia de viajes en Santiago de Chile.

—¿Por qué Cuba? —pregunté a la madre. Una mujer un poco mayor que yo.

—Es barato, y las playas son lindas. En la agencia que tenemos con una socia en Santiago, conseguimos paquetes muy atractivos económicamente. Es la tercera vez que vengo y aquí en las playas sí que encuentro descanso de verdad.

¡Mi Dios! ¡Qué enorme contrasentido! Mirar a Cuba como remanso de paz y justo alguien que vive en una de las economías más prósperas del continente y con mejor posicionamiento para pisarle los talones al desarrollo. Pero así es la isla. Cuesta explicarlo, pero es así. En su ambiente, su gente, su costa, su capital, hay aires de seducción que subyugan. A pesar de lo mustio que puede llegar a ser el paisaje en algunos aspectos, hay algo en el ambiente que provoca. No sé; una suerte de embrujo puede ser, quizá inspirado en el sinfín de preguntas que todo viajero que conozca el mundo y la modernidad debe hacerse; también surgen sentimientos de conmiseración y de pérdida al imaginar lo que podría ser ese pequeño paraíso en manos menos ambiciosas y castrantes.

Llegó un delegado de la compañía de turismo frente a nosotras y llamó por sus nombres a cada una de las chicas chilenas. Ma. Elena Lavaud no estaba en esa lista. «¡Bien bella, chica!», comenzó a torturarme de nuevo mi otro yo. «¿Tú estás segura de que hiciste esas reservaciones?». ¡Uy! Ahora sí que estaba molesta. Subí a la habitación decidida a llamar para hacer el reclamo. Media mañana de mi primer día en La Habana y yo todavía en el hotel, trasnochada, un poco cansada aún y en el día de mi cumpleaños. ¡Bien bueno, pues!

Al llegar a la habitación encontré una especie de envoltorio de papel, más bien un precario sobre hecho a mano y engrapado, con una inscripción que decía escrito a mano y en bolígrafo: «Lavaud Ma Elena, x1». Impreso en letras de una computadora arcaica —fácilmente detectable por la tipografía— los datos de una agencia de turismo local.

Dentro del precario sobre estaba mi ticket para el show del Tropicana esa misma noche, la de mi cumpleaños, pese a que los arreglos que había hecho eran para otra fecha. Además, me notificaban que el tour por la ciudad no sería ese día sino al siguiente. ¡Qué manera de cambiarle los planes a una! Pero segundos después recordé que no tenía más nada que hacer sino descansar y distraerme, así que como dicen en mi pueblo, me lo tomé con soda. ¡Ja! sobre todo yo, que detesto el whisky, pero bueno, valga la frasecilla esa que lo alude para bajar mis niveles de ansiedad. «¡Mijitaaa! ¡Recuerda que estás de vacaciones! ¡Deja el estrés y coge la calle ya por tus propios pies! ¡Y mosca, que segurito te están probando, a ver pa' dónde coges!».

HEMINGWAY

Bajé de nuevo muy decidida a tomar en la calle el primer taxi que se me atravesara, y pedirle me llevara a La Habana Vieja para echar un primer vistazo al menos; quería reservar algo de tiempo en la tarde para descansar y luego arreglarme para el show del Tropicana; después de todo, celebrar mi cumpleaños con ese programa no estaba nada mal. «La virgencita no se equivoca, mija». Está bien. Allá voy, pues.

Al trasponer las puertas principales del hotel, comencé a caminar por la acera que bordea la larga calle de acceso privado. Cuando iba por la mitad, un carro azul que iba ya de salida y que bien podría haber sido parte de la utilería en la película *Grease* con John Travolta y Olivia Newton-John, revolvió a mi *alter* de nuevo.

—¿Me lleva? —grito al chofer.

—¡Nooo! ¡Socorro! ¿Qué haces? ¿No recuerdas que no debes tomar taxis del hotel?

—Tranquila, chica, este no es del hotel. ¿No ves que no es negro como los demás?

—¿Ah no? ¿Y qué hace aquí entonces?

—Habrá dejado a alguien que vino de la calle. Deja el fastidio, ya está bueno. Además, solo vamos a La Habana Vieja. ¿Qué importa?

—¿A dónde la llevo, señora?

—Quiero ir a La Habana Vieja, pero dígame algo primero.

—¡Mi Dios! ¿Qué vas a hacer tú ahora? ¿No dizque íbamos a La Habana Vieja?

—¿Queda muy lejos la casa de Hemingway?

—Es a 15 kilómetros de aquí. En unos 20 minutos o media hora podemos estar allá.

—¡Perfecto! —dijo mi *alter* apoderándose de la decisión enseguida—: adelante, entonces. Vamos de una vez.

En menos de lo que pude darme cuenta, ya estábamos recorriendo las calles de La Habana, saliendo de la ciudad hacia el poblado de **San Francisco de Paula, donde se encuentra la famosísima Finca Vigía;** allí vivió por más de veinte años el insigne escritor estadounidense, Ernest Hemingway.

Era mi primer recorrido a la luz del día. Mis ojos se saturaron en segundos. Quería verlo todo en detalle, pero el andar del auto en el que viajábamos me imponía un ritmo que no daba chance a fijar demasiado las imágenes. Gabriel, el chofer, era un hombre de unos cincuenta y dos años; lucía prolijo y bien peinado. Le pregunté cómo había estado el clima; si había muchos visitantes por esos días en La Habana; en fin, «formalidades turísticas», y pensé convencidísima que me la estaba devorando con mis inquietudes de visitante cualquiera. Cuando atravesábamos una de las últimas calles antes de salir de la ciudad, fue el propio chofer quien me sorprendió con esta pregunta:

—¿Ud. sabe lo que es una barbacoa?

—Sí. Es la parrilla en la que se cocina al aire libre la carne o el pescado —dije.

—Aquí significa otra cosa. ¿Quiere ver? —dijo, disminuyendo la velocidad

—¡Claro! —Nos detuvimos junto a la acera y Gabriel apagó el motor.

—Baje el vidrio y mire a su izquierda las ventanas de ese edificio.

—¿Qué tienen de particular? —pregunté intentando disimular el agobio que me producía aquella fachada desvencijada, sucia y con apenas atisbos de lo que alguna vez fue algo de la pintura original.

—Mire bien las ventanas y dese cuenta de que en el medio hay un sobrepiso. Cada ventana tiene dos techos porque en el espacio de cada una de esas habitaciones, viven dos familias. Una arriba y otra abajo. Las han construido por necesidad. Así están las cosas en Cuba.

—Claro —dije tratando de disimular mi espanto—, originalmente deben ser construcciones con doble altura y ahora aprovechan los espacios.

—Así es —dijo—, muy triste eso. No lo merecemos los cubanos.

—¿Habrá problemas si tomo una foto?

—Déjeme encender el auto primero. La toma y enseguida arrancamos, por si acaso.

Hice lo que el chofer me indicó. Tomé varias desde distintos ángulos y usando el zoom. Enseguida arrancamos. La verdad aquellas imágenes me habían impactado. Ese fue el primer rostro que me mostró la ciudad: el extremo al que han debido llegar esos seres humanos para medio sobrevivir. El chofer debió leer la desazón en mi rostro, pues enseguida comenzó a hablarme, no bien retomamos el andar en el auto.

—Muchas cosas duras hemos vivido los cubanos. ¿Cómo se llama usted?

—María Elena —dije casi en un susurro.

—Pues sí, María Elena. Imagínese que por décadas, más de cuatro, nosotros los cubanos tuvimos prohibida la entrada a los hoteles. ¿Se imagina? Sí, no podíamos hacerlo. Nos trataban como animales en nuestro propio país. Afortunadamente las cosas han cambiado un poco. No es que sea mucho, pero al menos no hay tanta discriminación en ese sentido. El turismo se abrió y con eso hemos logrado nuevas fuentes de trabajo y mejores oportunidades para nuestras familias. Imagínese lo que ha sido esto.

Apenas podía salir de mi asombro. De nuevo, sin que tuviera necesidad de hacer alguna pregunta, la realidad de aquellos seres me era presentada a bocajarro y lo mejor, sin apenas haber hecho alguna pregunta comprometedora. Todo estaba a flor de piel; parecía una gran necesidad que tuvieran de contarlo todo; de gritar a los cuatro vientos sus realidades.

La cara de aquellas «barbacoas» mostrando la más absoluta miseria apenas comenzando el recorrido, acabó con todos mis pronósticos y quebró toda la lógica elemental del orden de cosas que aparentemente debía tener un paseo hacia un destino más que turístico. El chofer de un taxi, que según los mitos que circulan sobre la vida en La Habana debía ser un soplón redivivo del gobierno, estaba enseñándole a una turista alojada en uno de los hoteles más exclusivos de la ciudad, una cara muy miserable de La Habana. Es evidente que esa realidad opresiva habita a los cubanos en la estricta superficie, y en dos ocasiones, antes de haber transcurrido la mañana, emergía ante mí sin necesidad de hacer ningún esfuerzo por entrar en contacto con ella.

El Drae, Diccionario de la Real Academia Española, reza entre dos o tres acepciones más, que barbacoa, una palabra de origen antillano, además, se entiende en América como un zarzo cuadrado u oblongo, sostenido con puntales, que sirve de camastro. Pero además, también se emplea en América el término para aludir una casita construida en alto sobre árboles o estacas; y por si fuera poco, también significa un zarzo o tablado tosco en lo alto de las casas donde se guardan granos o frutos. Solo que en este caso lo que se guardan son seres humanos más que hacinados.

Hice las fotos lo más rápido y preciso que pude, empleando el zoom al máximo. Suficiente para que se viera en detalle cómo quienes habitan en la parte baja han debido abrir agujeros en la pared para la ventilación; los de arriba, no todos, pero buena parte de ellos, han instalado aparatos de aire acondicionado. Realmente impactante tomar contacto con aquella realidad tan infrahumana; tan vejatoria y repulsiva, sobre todo, a la luz del discurso oficialista y de los más de cincuenta años de abuso de poder que lleva ese pueblo encima.

Me llené de tristeza y de impotencia, y enseguida recordé a los «dignificados» de la tragedia del estado Vargas en Venezuela. Esos cientos de hogares desmembrados y desarraigados por la torpeza del gobierno en atender tamaña tragedia natural, pero sobre todo la burla al intentar capitalizar políticamente su condición de damnificados y prometerles viviendas dignas; de allí el demagógico apodo de «dignificados». Más de diez años después muchos de ellos siguen errantes, y cada tanto se les ve accionar manifestaciones públicas y alguna que otra queja y reclamo airado al mismísimo presidente. Allí está tal vez la diferencia. Estas soluciones que los cubanos se han procurado a través de las barbacoas, parecieran ser un signo evidente de resignación, obviamente, matizada por el miedo y la incertidumbre.

Ya estábamos de nuevo en marcha. Demoré unos minutos en asimilar lo que acababa de ver y muy pensativa en la razón por la cual el chofer habría querido mostrarme aquello sin que yo se lo pidiera. Cuando pude recobrarme de la impresión, atiné a preguntarle cuál es la reacción del gobierno ante cosas como esas, ante las barbacoas. En ese momento, nos aproximábamos a un semáforo.

—Enseguida le respondo, María Elena. Voy a subir su vidrio en este momento. Cuidado, por favor, con el brazo. Aquí hasta las paredes escuchan y no queremos meternos en problemas, ¿verdad?

«¡Andaaaaa! y tú tan confiadita porque estabas en el país de la revolución verdadera ¿no?, ponte las pilas, periodista, que aquí en los semáforos no atracan como en Caracas, pero hay soplones en las esquinas, mijita». Esto que me decía el chofer, es otra de las grandes letanías que casi como un mito corre por todas partes del mundo acerca de la realidad cubana. Hoy puedo decirlo: no es cuento, es la pura verdad, y me lo estaban mostrando crudamente. De entrada.

A medida que el vidrio subía, miré al auto de al lado. Llevaba tres hombres a bordo, y todos, en ese momento, estaban mirándonos.

Adustos. No había una conversación entre ellos. Todos en silencio nos miraban. Más bien, nos escudriñaban con los ojos. «Sonríe, mijita, que tal vez los vieron haciendo las fulanas fotos a las barbacoas», me ayudaba de nuevo mi *alter*. Vidrio arriba, pregunté de nuevo a Gabriel:

—¿Qué pasa si escuchan nuestra conversación?

—Si detectaran algo que no les parece conveniente, probablemente nos denunciarían y no queremos pasar un mal rato ahora.

—Muchos creen que estos son puros cuentos de los detractores del gobierno.

—Es nuestra realidad, María Elena. Es así y uno aprende a estar alerta y a convivir con ella.

—¡Qué pena!

—¡Sí!, es muy triste. En cuanto a su pregunta acerca de las barbacoas, el gobierno simplemente se hace de la vista gorda. Aquí no hay vivienda para nadie.

—¿Cuántos son en su casa?

—Cuatro hijos tenemos mi esposa y yo. Todos profesionales, pero ninguno trabaja en algo que tenga que ver con su carrera. Estamos todos sub empleados. Gano un sueldo que me da el Estado y no alcanza para nada. La diferencia la hacen las propinas de gente como usted a la que uno le da un buen servicio. Todavía no he tenido la suerte de poder entrar a trabajar en turismo, pero es lo que más quisiera.

—¿Por qué?

—Es un trabajo muy apetecido en Cuba porque pagan en Cuc y con los viajes en el taxi uno tiene la oportunidad de las propinas.

A medida que hacíamos el camino, me fue contando cómo la apertura al turismo trajo otros escenarios para algunos cubanos privilegiados. A los trabajadores que fueron entrenados para ello, se les exigía estar impecablemente presentados: uñas, cabello, colonia, maquillaje. Con un poco de miedo, pero con firmeza, los trabajadores alegaron que con los sueldos que cobraban, era imposible contar con los productos necesarios para el cuidado personal. Como respuesta, el gobierno creó la «Java», para todos ellos. Solo para los trabajadores del turismo.

Java es una isla, que por cierto en el siglo XIX junto a Cuba, satisfizo la creciente demanda mundial de sacarosa, originada por un incremento de la renta, de la población y de la sustitución de la miel por el azúcar. En el siglo XX, Java fue el nombre asignado a una herramienta de programación para ser usada en un proyecto de Sun Microsystems, en 1991 para ser exactos; muchos presumen incluso que el nombre deriva de las iniciales de sus creadores. Pero en Cuba, en pleno siglo XX también, Java tenía otra significación: se trataba de una pequeña bolsa que contenía elementos para el cuidado personal de esos trabajadores del turismo. Para las mujeres, significaba una toalla sanitaria, un potecito de esmalte para las uñas, un labial, jabón y un desodorante. Para los varones un desodorante, jabón y una afeitadora. Todo esto solo una vez al mes. Esta asignación colocaba a los empleados del turismo en una deslumbrante ventaja sobre el resto de los ciudadanos, para quienes por cierto, hasta el momento de mi viaje, conseguir pasta de dientes es toda una hazaña.

—¿Me permite que le cuente un chiste? —dijo Gabriel con picardía.

—¡Claro! Adelante.

—Una adolescente cubana le dice a la madre: ¡mamá, tengo novio!

—¡Hija! ¡Qué bueno, ya era hora!

—Pero ahora tengo que darte una noticia buena y una mala. La mala es que es negro.

—¡No señor! ¡En esta casa no entran negros! ¡Ni lo pienses!

—¡Pero mamá, trabaja en turismo y tiene Java!

—¡Ah, bueno! Dile que la cena es a las ocho de la noche.

Según el relato de Gabriel, la Java dejó de funcionar al poco tiempo, por razones obvias. Entonces el gobierno decidió dar una asignación especial de 10 Cuc mensuales, además del sueldo regular que se le paga a todo trabajador en pesos, y cuyo equivalente es de alrededor de 20 Cuc por mes. En total, un trabajador del turismo devenga 30 Cuc mensuales, es decir, unos 24 dólares, tomando el cambio como estaba al momento de mi viaje: 0,80 centavos de dólar por un Cuc. Para un cubano promedio en cambio, el ingreso mensual es entonces de 16 dólares. Así paga la revolución a sus hijos. Claro que también está la famosísima tarjeta de racionamiento, que les permite acercarse a los mercados, la mayoría de las veces ubicados en las placitas populares, y obtener seis libras de arroz y seis libras de frijoles; un pan pequeño por día (según el relato de la bloguera Yoani Sánchez, un pan relleno de vacío, por el enorme hueco que se encuentra al partirlo en dos), y cuando hay, también una salchicha por persona. Todo esto una vez al mes.

El Cuc —Cuban Universal Currency, cuyo valor se acerca al dólar estadounidense— y el peso cubano son las monedas oficiales. Sin embargo, tener una u otra, marca diferencias entre los ciudadanos. No todos perciben un salario en Cuc y hay algunos lugares donde no puede pagarse con pesos cubanos. En la isla, pese a la letanía del socialismo, unos son más iguales que otros.

Hace muchos años, según me contaba Gabriel, la ropa formaba parte de la tarjeta de racionamiento. Ahora no. ¿Qué hace la mayoría entonces? Recurre a tiendas de «ropa usada», donde el gobierno lanza como maíz a las gallinas, grandes cantidades de prendas producto de algunos decomisos realizados en el puerto por ilegales; contrabando, pues. Allí las colocan. Sin ningún orden. Son montañas de ropa frente las cuales los cubanos deben invertir horas de horas en buscar una prenda de su talla. Obviamente es imposible escoger. Hay que llevar lo que se encuentre, si es que hay la fortuna para ello. El pago es en pesos cubanos. Tremenda dádiva. De resto, para redondear la alimentación, todos buscan como aguja en un pajar, algo de vegetales y hortalizas en las muy eventuales ferias del Estado, que de cuando en cuando aparecen en las plazas públicas. Claro que también existen los mercados paralelos, donde la variedad aumenta, y los precios también, por supuesto; y las famosas tiendas de «recaudación de divisas», así llaman a los pequeños locales creados para que los turistas no sientan la opresión que vive el cubano promedio. Ellos pueden entrar, sí. Pero se paga en Cuc.

No paramos de conversar en todo el trayecto. Cada cosa que me contaba Gabriel, cada detalle, cada anécdota, era un mundo que se descubría ante mis ojos. Aquella leyenda de la isla y sus miserias; el dolor de tantos años de libertad perdida. Los vestigios del gran país que podría ser hoy de la mano de al menos un poco de democracia, con todas sus imperfecciones y debilidades, pero democracia al fin.

Si hubiera llegado un par de días antes a la isla, habría tenido la oportunidad de disfrutar un verdadero platillo cubano en la casa de Gabriel, su esposa e hijos. Me contó que celebraron su cumpleaños y que con muchísimo gusto me hubiera llevado a su casa, con su familia. Lamenté mucho el desencuentro, y aproveché de contarle que somos del mismo signo, Leo, pues ese era el día de mi cumpleaños. «Y ayer del comandante», me dijo. «Menuda variedad», le respondí, y los dos reímos.

Llegamos a Finca Vigía al cabo de unos 30 minutos aproximadamente. La gran hacienda se conserva prácticamente tal y como Hemingway la dejara al partir en su último viaje. El pequeño detalle es la gran falta de mantenimiento. «Ay, periodista, qué no haría el imperio Disney con todas estas cosas, mijita». Aquello daba mucha lástima en algunos sentidos.

Al llegar, una morena apenas vestida nos dio muy amable, eso sí, la bienvenida. Llevaba unos precarios pantalones bermuda que alguna vez seguramente fueron largos, y que el uso y unas buenas tijeras deben haber convertido en algo más cómodo. Una franelilla roja sin mangas, muy usada también, y cuya transparencia me hizo acordar aquellas telas muy finas de algodón que mi abuela usaba para cernir el coco cuando hacía el dulce de majarete. Algo realmente translúcido.

—¿Trae cámara?

—¡Sí! respondí.

—Entonces son 8 Cuc. Cinco por la cámara. ¿Quiere un guía que le haga el recorrido?

—¡No!, yo la acompaño —se adelantó Gabriel—. Muchas gracias.

En el acto, no pude evitar pensar que acababa yo de pagar, por entrar a un museo y echar un vistazo, lo que gana un privilegiado trabajador del turismo en todo un mes de trabajo. Al emprender camino hacia la casona principal, remontando una pequeña cuesta en el auto, me dijo que no era necesario pagar por el guía, porque él sabía de memoria todo lo que interesaba saber de aquel lugar. Aquella finca, de cuatro hectáreas aproximadamente, era el lugar limpio, amplio y bien iluminado que todo escritor sueña y desea para crear su obra. Hemingway la disfrutaba también para recibir a sus amigos, criar gallos de pelea y cuidar a sus perros y gatos.

Cada objeto, cada libro, cada mueble, se mantiene en los lugares donde él los dejó. Allí el escritor creó *El viejo y el mar*, que le hiciera merecer el **Premio Nobel en 1954**. También en esa finca terminó de escribir *Por quién doblan las campanas*. Ver todo aquello de cerca me producía una enorme satisfacción. Me sentía privilegiada de poder estar casi en contacto directo por ejemplo, con las máquinas de escribir donde historias maravillosas habían sido escritas; viendo el mismo paisaje que debe haber disfrutado aquel hombre a la hora de inspirarse y emprender el reto infinito que es romper el vacío de una página en blanco.

Por dentro la vieja hacienda permanece prácticamente intacta, con sus trofeos más preciados de cacería colgados irremediablemente en las paredes. El ambiente es claro, las paredes todas blancas y llenas de ventanales que inundan de luz natural el lugar.

Me impresionó ver la cantidad de revistas de la época perfectamente guardadas en un mueble de la espaciosa sala, donde sillas de esterilla y madera, afiches de corridas de toros y libros, muchos libros, casi 8 mil, conforman el ambiente claro que el escritor fue haciendo a su propio gusto durante años. También se cuentan unos 500 discos de vinyl. Hasta una cabeza de oso pude ver en uno de sus escritorios; porque hay varios en distintos ambientes de la casa, como para no perder tiempo si la musa llegase en cualquier momento. Al interior de la casa propiamente no está permitido entrar. Todo debe mirarse desde las puertas, que están protegidas por cordones para impedir el paso. Dentro, hay una chica que vigila todo y que funge de guía para los interesados.

Luego del recorrido circular por la casona, subí a un alto que el escritor hizo construir en 1947 como lugar especial reservado para la escritura. Una suerte de torre de tres pisos anexa a la casona principal. Desde allí, la vista hacia el centro de La Habana es imponente. En el primer piso está la habitación para los gatos. Hemingway llegó a tener 57, amén de unos cuantos perros también. Los amaba con locura, al punto de hacer un espacio en el área de la piscina para enterrar a los que iban falleciendo.

En el segundo piso, está un pequeño reservado con los adminículos de Hemingway para la pesca. Cañas originales hasta hechas por el mismo escritor, en madera, cuelgan en las paredes. En un pequeño aparador de vidrio están celosamente expuestos varios ejemplares de *El viejo y el mar*; hasta una edición en japonés y otra en italiano hay allí de esa insigne historia.

En ese pequeño reservado había una mujer custodiando todo. Saludé al entrar y le comenté que tomaría algunas fotos. Me dijo que las que quisiera, menos el cuadro con la fotografía del escritor y el comandante. Yo estaba en la puerta del lugar y ella en el otro extremo de aquel pequeño cuarto, justo frente a la puerta de entrada. Avancé e hice las fotos, y de pronto la mujer se me acercó hasta el extremo y dijo «deme algo para mis hijos».

Debo confesar que me sorprendió sobremanera. Aquella mujer seguramente no tendría más edad que yo. Estatura baja y algo de sobrepeso. Sus ojos vivaces me miraban con urgencia. Confundida, le respondí:

—¿Algo como qué?

—¡Lo que sea! —dijo— tengo cuatro. Apúrese que si me sorprenden haciendo esto me amonestan.

Ofreció hacerme una foto en el lugar prohibido: frente al cuadro del comandante y Hemingway. Acepté gustosa, por supuesto, sin dejar de pensar que tal vez la supuesta infracción no era más que un simulado acto de complicidad para favorecer mis buenos oficios con el regalo requerido para los niños. Sabía perfectamente bien aquella mujer dónde estaba el botón para disparar la foto, pero de todas formas pretendió cierta inseguridad al tomar la cámara en sus manos. Al menos esa fue la impresión que me dio. Luego volvió rauda a su lugar, en la esquina frente a la puerta de entrada, con cara de «aquí no ha pasado nada».

Seguí recorriendo el pequeño lugar, mientras hacía un rápido inventario mental de lo que llevaba en mi cartera. A mi regreso, al comentar con algunas amigas este episodio, que por ser el primero me tomó por sorpresa, todas dijeron: «para ir a Cuba hay que llevar mínimo una bolsa de caramelos y tenerla en la cartera. Por todas partes donde camines encontrarás a alguien que te pide». A buena hora el comentario.

En una de las paredes, colgaba una caja de madera con vidrio donde se podía leer claramente una carta escrita en cualquier máquina de la época y con correcciones en bolígrafo. Se trata nada más y nada menos que del contrato de cesión de derechos que hiciera el escritor al director de la revista *Bohemia*, Miguel Ángel Quevedo, para publicar, por una sola vez, la traducción al español —a cargo del señor Lino Novás Calvo— de la novela escrita en inglés *The Old Man and the Sea*. El documento en la parte final dice textualmente: «*La revista BOHEMIA, en atención a esta cesión gratuita, promete entregar dentro de los dos meses siguientes a la fecha de este contrato, la cantidad de Unos mil pesos al sanatorio de leprosos San Lázaro del Rincón, para que dicho sanatorio pueda comprar aparatos de televisión y radio para uso de los enfermos».* Dice el escrito que se hicieron dos ejemplares y firman Quevedo y Hemingway, en el mes de enero de 1953.

Salí de allí y seguí hasta el último piso de aquella torre. La mujer me miró con desconsuelo, pero seguí, haciendo aún el inventario de mi propia cartera. Arriba, la más privilegiada de las habitaciones. Cuentan que allí no había teléfono. Era un lugar privado, más lejos ya del ruido de la propia casa y más cerca de la tranquilidad indispensable para la creatividad y la concentración, supongo. De nuevo un escritorio con una máquina de escribir en la cual han dejado una hoja a medio terminar y un potecito de tinta. Allí tampoco se puede entrar. Un cordón en la puerta limita la vista a lo apreciable desde la entrada. Un enorme telescopio se distingue al lado del escritorio. También de nuevo una biblioteca y del otro lado, una suerte de *Chaisse Longue* de rattan con cojín azul rey. A diferencia de la mayoría de las paredes de la hacienda, todas pintadas de blanco, aquí hay un pequeño toque de color verde agua que produce una tímida mimetización con el ambiente que se distingue a través de los amplios ventanales.

Tomé algunas fotos y comencé a desandar el camino escaleras abajo. En el descanso del piso inferior, la mujer me esperaba con ojos ávidos. Le tendí la mano dándole las gracias por todo, y en el apretón, le dejé unos billetes y un par de bandas para el cabello que era lo único rescatable en mi cartera. Ella abrió los ojos y me hizo señas con la mirada hacia abajo. La seguí, y pude darme cuenta de que uno de los guardias vestido de militar, nos observaba.

Gabriel me esperaba al pie de la escalinata para mostrarme a continuación el área de la piscina, y más allá, el famoso *Pilar*, la embarcación tan querida del escritor, en la que solía ir de pesca; una de sus actividades preferidas, junto a sus regulares visitas al

Floridita y de vez en cuando, a la Bodeguita del Medio, para disfrutar algún mojito cubano (ron con menta y azúcar) o un daiquirí. Hoy los turistas en esos lugares disfrutan incluso de un trago que llaman «Hemingway Especial», que no es otra cosa que una medida amplia de ron, un dedo de jugo de toronja, medio limón verde exprimido, batido y servido bien frío.

Antes de llegar al *Pilar*, situado a la izquierda de la casona principal, tropecé con una piscina de proporciones nada despreciables, a diferencia de su estado: un completo y absoluto abandono; sin agua, sin pintura y llena de grietas. Completamente abandonada. En los alrededores, noté que la maleza estaba ganando terreno. Gabriel comentó: «no hay derecho de que esto esté en estas condiciones. El gobierno aquí tiene cómo hacerse cargo de esto, que es un patrimonio importantísimo». No le faltaba razón.

Avanzamos un poco para ver de cerca el famoso *Pilar*, ese yate construido casi todo en madera, y al cual el propio escritor hizo algunas modificaciones. Por ejemplo, un timón de vara alta que le permitiera conducirlo desde el segundo piso de la cubierta. En este caso, a simple vista, las condiciones del barco estaban mucho mejor que las de la piscina. Y no es para menos; se trata de un emblemático yate que a la muerte del escritor fue apetecido por muchos, incluido el propio gobierno de los Estados Unidos. Cuentan en la isla que Hemingway se lo dejó en herencia a su sempiterno compañero Gregorio. Antes de partir por última vez, en 1960, le habría dicho: «Cuide de mi *Pilar*». Entonces, volvió a su patria y se suicidó al año siguiente. La leyenda dice que Gregorio Fuentes es el *alter ego* del viejo Santiago de *El viejo y el mar*, que por cierto le hizo merecer el Premio Pulitzer en 1954. Al año siguiente recibió el Nobel de literatura por sus obras completas, un premio que dedicó a los pescadores de Cuba; la medalla del premio la depositó ante la Virgen de la Caridad del Cobre, patrona católica de la isla.

El puerto de amarre del *Pilar* siempre estuvo en Cojímar, una pequeña localidad situada a unos siete kilómetros de La Habana, y cuyo nombre proviene de la lengua arahuaca y significa «entrada de agua en tierra fértil». Allí el escritor compartía con los pescadores, y en ocasiones salían al mar en botes de remos, con botellas de agua, azúcar y galletas para pescar con sedal unas presas que a veces excedían en tamaño a sus embarcaciones. Luego, Gregorio Fuentes y Ernest Hemingway se sentaban en el bar «Las Terrazas» a mirar el mar y beber mojito. Dicen que «Goyo» conoció mejor al escritor que sus cuatro esposas.

Gabriel me contó que, a la muerte del escritor, Gregorio llegó a recibir cheques en blanco de coleccionistas del mundo interesados en hacerse del *Pilar*. Pero Gregorio nada. No estaba dispuesto a desprenderse de su herencia. No obstante, la verborrea del comandante de Cuba surtió mejor efecto, y Gregorio aceptó cederlo como parte del patrimonio cultural de la isla. A cambio, le hicieron socio del bar «Las Terrazas» de Cojímar, donde solía beber con su patrón. Allí tuvo garantizada la comida y bebida sin cargos, no solamente él, Gregorio, sino hasta la tercera generación de sus descendientes.

Todos los lugares donde Hemingway disfrutó sus veinte años de permanencia en la isla son hoy prácticamente una atracción turística. Por ejemplo, la habitación que ocupó de 1932 a 1939 en el hotel Ambos Mundos de La Habana Vieja, la 511, que es hoy un museo. Luego, en 1940, compró su Finca Vigía, y allí compartió con su cuarta esposa Mary Welsh, sus 4 perros y sus 57 gatos. De allí salió en 1960 para no volver jamás. Definitivamente Finca Vigía es el santuario de un hombre que hizo su casa en Cuba, a la que reflejó en sus mejores novelas y la mayor parte de sus crónicas.

Al terminar el recorrido, visitamos una pequeña tienda de *souvenirs* levantada en un apartado de la casa. Ya para ese momento el calor era pegajoso e insoportable. Compré un pequeño cenicero de recuerdo y dos botellas de agua con gas. Dos chicas eran las encargadas del lugar. Una veía la televisión, y la otra atendía la caja registradora.

—¿De dónde nos visita? —me preguntó la que miraba la televisión, mientras aumentaba la potencia de un precario ventilador que tenía cerca.

—De Venezuela —dije expectante.

—¡Ah! Estaba viendo Telesur hace un rato. Es bien bueno. Uno se entera de todo.

«¿Has visto? Tremenda diversión tienen aquí —bromeaba mi *alter*—. ¡Así vamos a quedar allá si siguen arremetiendo contra los medios, mija! ¡Ya nos quedamos sin Radio Caracas Televisión, el canal pionero, y lo peor es que no pasó nada! Mírate en ese espejo, periodista. Asíiii, asíiiii disfrutaaaaaaaaaando de tu Telesur un sábado en la tarde! ¡Ja! Nojooo, si es que vamos muy bien con la revolución allá!».

Salí espantada, la verdad, y sin hacer comentario alguno. Frente a la tiendita, al aire libre, había una precaria mesa con sus sillas. Le dije a Gabriel que necesitaba sentarme allí unos minutos. Le ofrecí una de las botellas de agua que él aceptó gustoso. Saqué mi libreta del bolso, el bolígrafo, y comencé a tomar notas de todo lo que había visto en Finca Vigía. Él se había retirado hacia el carro, pero a los pocos minutos se sentó frente a mí y al verme hacer las anotaciones me preguntó:

—María Elena, ¿qué profesión tiene usted?

—Soy periodista, Gabriel, y pretendo convertirme en una escritora.

Su rostro hizo un esfuerzo por ocultar cierto grado de sorpresa que aún pude adivinar en sus facciones.

—Pero ¿trabaja usted en su profesión en este momento?

—Sí, Gabriel. Trabajo en radio y en televisión.

«¡Andaaaaaaaaaa!, pero bueno, mijita ¿te volviste loca? ¿No podías inventar cualquier cosa?».

No sé por qué aquel ataque de franqueza. Habría sido muy fácil inventar una mentira, pero fue como si internamente quisiera corresponder a la sinceridad y la amabilidad que hasta ese momento me había mostrado Gabriel. Quedó en silencio por unos segundos, mirándome muy fijamente.

—¿Y usted cómo sabe tanto de esta finca, Gabriel?

—Estoy preparándome. Quiero trabajar en turismo, ya le dije.

—¿Sabe una cosa, Gabriel? Me gustaría llevarme de recuerdo el periódico *Granma* del día de ayer, cumpleaños del comandante. ¿Dónde puedo conseguirlo? —dije para romper aquel pequeño vacío luego de mi ataque de sinceridad.

—Eso no es tan fácil, María Elena; no lo venden en todas partes, pero deme un segundo.

Enseguida emprendió camino hacia donde se encontraba el auto. Le vi abrir la maletera y sacar de allí un ejemplar de *Granma*. Me lo ofreció sin vacilar.

—Este es el del día de hoy. ¿Le sirve?

—¡Sí! Claro —mentí—, pero me encantaría tener también el de ayer. Supongo habrá sido una edición especial por el cumpleaños del comandante.

—No exactamente —dijo con un gesto de sorna—. Pero puedo conseguírselo.

—¡Gracias, Gabriel! ¡Qué amable es usted, de verdad!

—Estamos para servirle, María Elena —dijo—. ¿Nos vamos ya?

Camino de regreso eché una ojeada a la edición de *Granma* de ese día, sábado 14 de agosto de 2010. Es un tabloide a dos colores (el rojo por supuesto, y el negro de la tinta). Esta vez de apenas ocho páginas. En el manchón puede leerse: «Año 52 de la Revolución. Edición única. Año 46 Número 193. Cierre: 12:30 am. 20 centavos». Alineado hacia el margen izquierdo, el logotipo en letras rojas y enmarcado en rojo también: Granma, dice, luego un recuadro en diapo, es decir, fondo negro y letras blancas, dice en mayúsculas: «Órgano Oficial del Comité Central del Partido Comunista de Cuba».

Como gran noticia de abrir, había un recuadro titulado: «El Partido y sus militantes». El texto no era otra cosa que una ola de prohibiciones que todo militante del partido debe observar.

Fantástico ver la necesidad de ese tipo de textos a 52 años de la revolución. Solo al terminar de leerlo advertí que era una cita de las tantas reflexiones del comandante. Lo ponía expresamente, aun cuando el texto no estaba entrecomillado. *«El partido y sus militantes no pueden apartarse jamás de la más sólida, estrecha y profunda vinculación con las masas. No pueden apartarse de la crítica y autocrítica más rigurosas. No pueden apartarse de la dirección colectiva, la democracia interna, el centralismo democrático y la disciplina más férrea. No pueden apartarse de la austeridad, el espíritu de sacrificio, el desinterés, la modestia, la honestidad, la actitud solidaria y el heroísmo que deben caracterizar a todo militante comunista. El comunista debe ser un indoblegable luchador convencido de la justicia insuperable de su causa, estudioso, trabajador, exigente, profundo y consagrado por entero a su pueblo. Fidel, 17 de diciembre de 1980».*

Por simple ejercicio, a mi regreso, revisé los principales titulares de la prensa internacional correspondiente a ese mismo día, 14 de agosto de 2010. Obviamente ninguno aparecía ni por asomo en aquellas ocho páginas del diario *Granma* de Cuba. Fuera de la isla, el interés giraba en torno a las declaraciones del presidente de la FIFA, el suizo Joseph Blatter, quien estudiaba **eliminar tanto los empates como los alargues** en los partidos de la primera ronda del Mundial de Fútbol; también era primera plana internacional el anuncio del ministro de minería de Chile en el sentido de que en los próximos dos días finalmente darían con los mineros atrapados a más de 60 metros bajo tierra debido al accidente más comentado de los últimos tiempos. Que el presidente estadounidense Barack Obama **prometió no abandonar a los residentes de la costa del golfo de México,** devastada por un gigantesco derrame de crudo; que por octavo año consecutivo la Universidad de Harvard fue seleccionada como la mejor del mundo según un *ranking* elaborado por la Universidad de Comunicaciones de Shanghái; que el presidente paraguayo, Fernando Lugo, fue dado de alta del hospital en San Pablo donde comenzó el tratamiento contra un **cáncer linfático;** que Argentina tendría el primer hotel seis estrellas de la región gracias a un grupo de inversionistas mexicanos; que el contrato que ligaría al futbolista Diego Armando Maradona durante dos años como entrenador del Al Wasl de Dubái estaba valuado en unos 34,5 millones de dólares; que tras el regreso de las relaciones diplomáticas el titular del senado colombiano se reunía con el presidente venezolano. De nada de esto se enteraban los cubanos; al menos no a través del único diario permitido y de libre circulación en la isla, el *Granma*.

El criterio periodístico de los comunicadores que regentan ese medio, junto a dirigentes del Partido Comunista, consideraba que para los cubanos, las noticias más resaltantes para la primera página, eran la reproducción de las eternas reflexiones del Comandante; una foto-leyenda de la reunión del presidente de Panamá que escuetamente decía: «*El General del Ejército Raúl Castro Ruz, Presidente de los Consejos de Estado y de Ministros, sostuvo en la tarde de este viernes, un encuentro con el Presidente de la República de Panamá, Ricardo Martinelli Berrocal, quien realiza una visita privada a nuestro país. Ambos dignatarios intercambiaron sobre diversos temas de interés, en particular sobre las relaciones bilaterales*». En la mitad inferior de la primera plana de *Granma*, los titulares eran: «*Poetas con Fidel y por la paz*»; «*Que prevalezca la cultura humanista*» y «*Iceberg desprendido de Groenlandia puede perturbar el tráfico marítimo*».

En Venezuela, para ese mismo día, los titulares giraban en torno a la crisis del sistema eléctrico; a la inflación acumulada; a las menciones del presidente en Wikileaks; a la compra de armamento por parte del gobierno, además del anuncio de posibles cierres de nuevas emisoras de radio, eliminación de los circuitos radiales, mayor control sobre la TV por suscripción, restricción de dólares para comprar papel a los periódicos y una serie de leyes adicionales que regularían a los medios.

El ejercicio me resultó devastador. Una suerte de antes y después vino a mi cabeza. Todo me parecía una gran mascarada en pleno siglo XXI; algo casi imposible de asimilar con un razonamiento apenas simple y lógico. Estuve pensativa un buen rato. Gabriel me miraba de soslayo de vez en cuando por el espejo retrovisor, hasta que decidió preguntarme:

—¿Viaja sola, María Elena?

—Sí, respondí

—¿No va a conocer las playas de Cuba? La mayoría de los turistas vienen solo para descansar allí. Son realmente bellas.

—La verdad, no tengo eso en mis planes. No quisiera moverme de La Habana.

—Si quiere yo la llevo a las playas del Este. No es lejos.

—Eso suena bien —dije entusiasmada.

—Le voy a dejar mi tarjeta con mis números de teléfono. Cuando guste la llevo. Solo tiene que avisarme el día antes para planificar mi trabajo.

—Claro que sí, Gabriel. Muchas gracias.

Comenzaba a caer la tarde y estaba hambrienta. La visita a Finca Vigía había valido la pena. Ya lo creo que sí. Ahora deseaba regresar al hotel y descansar un poco hasta la hora del show en el Tropicana. Camino de regreso la conversación con Gabriel siguió reveladora.

—¿Cómo se hace para tener un carro o una vivienda en Cuba? —me animé a preguntar, dado el nivel de confianza que habíamos alcanzado hasta ese momento.

—Todo depende de las misiones, María Elena. No necesariamente hay que ser profesional para participar de las misiones. Usted puede ser un obrero de la construcción o lo que sea, pero presentarse y cumplir la asignación que le encarguen en el país que el gobierno le asigne. Son tres años. Al regresar, usted tiene derecho a solicitar por escrito, enviando una carta a las autoridades, un carro o una vivienda. Si tiene suerte probablemente le otorguen el permiso. Obviamente el dinero lo tendrá de su sueldo ahorrado durante los años de las misiones. Entonces usted va y compra el vehículo. Todas las ventas son propiedad del Estado. El problema viene cuando usted quiere venderlo. No puede hacerlo a particulares. Debe venderlo únicamente al Estado, que por supuesto, tomando en cuenta la depreciación, le pagará unos pocos pesos con los que prácticamente no podrá hacer nada. Lo mismo ocurre con la vivienda. Si, por ejemplo, usted hereda una vivienda de sus padres, no puede venderla a un particular. Tiene que venderla exclusivamente al Estado.

—¡Qué injusto!

—Así funciona aquí, María Elena.

No sé por qué zona exactamente entramos a La Habana de regreso, pero las calles lucían como un gran pueblo abandonado. Todas las fachadas por donde pasamos estaban corroídas, desvencijadas; todo me resultaba un panorama de mucha opresión visual. Mi estómago comenzó a arder de hambre o de impresión. Sentí que estaba en una ciudad sin signos vitales o en estado vegetativo. Todo mustio, desdibujado, borroso. Me dio la sensación de que la gente no caminaba por las calles, sino que simplemente «andaba», haciendo uso de sus dos piernas y sus pies. Parecían cansados y sin rumbo fijo. Un panorama deprimente y opresor.

Tuve la sensación de haber llegado al hotel en menos tiempo del que nos tomó el trayecto a Finca Vigía. Pagué a Gabriel por sus servicios y le di las gracias muy sinceramente por su amabilidad. Al trasponer la puerta principal, fui directamente a los jardines del hotel, a un pequeño bar situado en el pasillo central, con una hermosa vista al malecón. Pedí un mojito, aun a pesar de no haber almorzado. Me senté allí y casi lo bebí de un sorbo. El calor, la sed, no lo sé.

Saqué mi libreta de notas y sin pensarlo mucho, me encontré haciendo un ejercicio de las cosas que en ese primer recorrido me había dado cuenta de que no existen en las calles de Cuba; o al menos esa era mi primera impresión.

LO QUE NO HAY EN CUBA:

- Tráfico.
- Libertad.
- Gente caminando en las calles con bolsas lindas de propaganda de alguna tienda o comercio.
- Fiscales de tránsito.
- Publicidad en el periódico y en la televisión.
- Avisos publicitarios luminosos en las vías públicas.
- Colores nítidos en el ambiente.
- Quioscos de periódicos, revistas y golosinas.
- Carros nuevos.
- Carritos de hamburguesas o perros calientes.
- Panaderías.
- Moteles.
- Heladeros.
- Sosiego.

Subí a la habitación, tomé una ducha y me puse a leer unas páginas de la novela de Federico Vegas, en un intento por dar a mi mente y mis sentidos un poco de claridad. A las ocho de la noche debía estar lista para ir al Tropicana.

TROPICANA:
CABARET Y LEYENDA

Bajé al lobby con tiempo suficiente para tomar el taxi y llegar al show en hora. El encargado de custodiar la entrada principal —siempre había uno de guardia, a la hora que sea, trajeado de blanco impecable— al tiempo que hacía señas al taxi de turno en la fila, me dedicó un halago; un piropo, como decimos en Venezuela; acto seguido, con extrañeza, me preguntó si me iba sola, a lo cual respondí que sí. «Cuidado con los bichos allá entonces —me dijo— que va usted muy bella». ¡Andaaaaaaa! ¡Qué pasado, mijita! ¡Más bicho serás tú! ¡Confianzudo! ¡Arranca, arranca, que no andamos para eso, mijitaa! ¡Segurito que este es médico, o ingeniero o alguna profesión gruesa debe tener, pero anda aquí de portero piropeando a las turistas! ¡Nomejooooo! ¡Camina, chica!, sinceramente. ¡Tanto nadar para morir en la orilla! ¡Jajajajajajja! —saboteaba de nuevo mi *alter*—, ¡segurito ese refrán vino de aquí de esta isla!

Me subí al taxi y enseguida enrumbamos hacia la zona de Miramar, un área de playa, de mucha tradición, y «donde todo cubano quisiera vivir», escuché repetidas veces durante el viaje. El chofer era joven. Me preguntó mi nacionalidad. Al responderle, escuché por segunda vez la frase de rigor: «Gracias a Venezuela estamos vivos acá; es por el combustible básicamente, ¿sabe? Muy necesario y muy caro para los cubanos. La ayuda de Venezuela ha sido la diferencia», dijo.

Miramar es una zona ecológica también. Está llena de casas de muy buena dimensión con fachadas eclécticas. Unas hermosamente mantenidas y cuidadas; en otras el descuido es evidente. Es una de las principales zonas residenciales de la ciudad y pertenece al municipio Playa. Antes de 1959, allí vivía la clase alta cubana en suntuosas mansiones con piscina, grandes patios interiores y otras comodidades. Gracias al cercano litoral, fueron desarrollándose unos cuantos balnearios artificiales, las llamadas Playas del Oeste, que antes fueron clubes privados, pero ahora están libres; también clubes de yates y clubes sociales a los que pertenecían los integrantes de los sectores más adinerados de la ciudad. La zona contaba con una muy buena seguridad y patrullaje policial. Al parecer, el acceso en aquellos tiempos era restringido.

Una de las calles más transitadas de Cuba es la Quinta Avenida, que queda allí en Miramar; así mismo; como la más renombrada de la ciudad de los rascacielos en el imperio: Nueva York. Muchos dicen que es la más bella de toda la isla. Allí hay varios parques, la mayoría de ellos con glorietas en el centro. Las manzanas de Miramar fueron construidas imitando las de Manhattan, sobre todo esas de la Quinta Avenida.

Al terminar la construcción del Malecón, que extendió Miramar hasta la boca de la *Chorrera*, la Quinta Avenida se convirtió en su prolongación natural, hacia el otro lado del río Almendares. Así fue como el nuevo barrio o urbanización —como decimos en Caracas— junto a todo el territorio del Oeste, se convirtió en una hermosa zona habitacional. Inicialmente, el cruce se hacía a través de un puente levadizo (*Pote*), pero representaba un gran problema para el fuerte tráfico de la zona.

A raíz del triunfo de la Revolución, en 1959, la mayoría de las familias que vivían en aquellas hermosas casas de Miramar, abandonaron Cuba. Algunas de las casas fueron adjudicadas por el gobierno. Otras quedaron durante algunos años en manos de las mucamas y jardineros, en espera del posible regreso de sus dueños, muchos de los cuales hasta el sol de hoy no han vuelto, con lo que han pasado a las irremediables manos del gobierno. También hay unos cuantos hoteles y casas privadas reservadas al turismo, donde las tarifas son inferiores a las de los hoteles. Con el colapso de la Unión Soviética, la zona fue adquiriendo una nueva fachada y se construyeron edificios de acero y cristal; pero la verdadera explosión inmobiliaria de esa zona data de la década del 50, cuando se construyó el túnel del río Almendares y el túnel de La Línea, para mejorar sus accesos.

Pasábamos justo por el túnel La Línea, y el chofer me daba, *grosso modo*, esta breve descripción de la zona a la que nos acercábamos para llegar al Tropicana. Me prometí volver, pero de día, para poder apreciar todos esos detalles, y sobre todo, porque me había dicho aquel joven, que allí en Miramar esta la casona «donde le gusta quedarse al presidente de su país cada vez que visita la isla». Buen dato.

Antes de viajar, me había tomado el trabajo de investigar un poco la historia del que ha sido considerado «el Night Club más famoso del mundo», El Tropicana, asentado en una hermosa posesión suburbana rodeada de bosques tropicales, llamada Villa Mina, propiedad de Regino Truffin.

A finales de la década del 30, Mina Pérez Chaumont, viuda de Truffin, decidió el arriendo de la propiedad a un grupo de empresarios —encabezados por Víctor de Correa—, quienes deseaban montar un *night club*. El coreógrafo y director de espectáculos Sergio Orta fue quien sugirió el nombre de «Tropicana», inspirado en la melodía homónima del compositor y flautista Alfredo Brito y que se estrenó allí mismo, en las fiestas de fin de año de 1940, que fue cuando se dio a conocer el lugar. Correa logra hacer de aquella apertura todo un éxito; incluso su esposa, la tonadillera Teresita de España, figuró como atracción en los primeros espectáculos que se presentaron.

Rápidamente «Tropicana» conquistó el favor de grupos selectos y de altísimo poder adquisitivo. El embrujo de la noche cubana, su firmamento estrellado, la tibia luna del trópico, la música caliente, las deslumbrantes mulatas cubanas haciendo sus shows en medio de un jardín más que exuberante, brindaban la sensación de estar en un mudo irreal de mágico y exótico esplendor.

Muy pronto, importantes figuras de espectáculo internacional quisieron presentarse en el Tropicana. Por allí pasaron Josephine Baker, La Tongolele, Xavier Cugat y Los Chavales de España. Otro tanto ocurriría con cubanos no menos famosos de la época como Rita Montaner «la única», Ignacio Villa «Bola de Nieve» y el propio Alfredo Brito. Para entonces, el Tropicana también se conocía como el «casino más hermoso del mundo»; incluso llegaron a denominarlo «El Montecarlo de las Américas».

Al final de la década, Martín Fox, un cubano de provincia a quien apodaban «el guajiro Fox», da un golpe de timón al manejo del lugar. Como buen nativo de las entrañas de la isla, Fox adoraba la vegetación y era su fiel celador. Dicen que no contaba con preparación alguna, pero sí con audacia y sólidas relaciones con los grupos más solventes del momento, condiciones suficientes para que en pocos años, destronara a Víctor Correa, y junto a Alberto Ardura y Oscar Echemendía, conformara la trilogía empresarial que haría de Tropicana uno de los cabarets más famosos del continente.

Casi iniciada la década del cincuenta, Fox acomete la ampliación del lugar. Entonces hizo construir, entre otras cosas, la bailarina estilizada «larga, larga como una tentación y fina como un deseo, la cual haciendo unas preciosas puntas parece girar sobre un espejo de agua», como indicara una publicación de la época. Fue fundida en piedra artificial por la ya reconocida escultora cubana Rita Longa y asentada en 1950 a la entrada del cabaret.

El golpe de Estado del 10 de marzo de 1952 desencadenó la apoteosis del juego en Cuba, que en algún momento llegó a ser denominada «Isla del Juego». Hasta La Habana fue reconocida como «Las Vegas del Caribe». Allí, la actividad no se circunscribía a la ruleta o las cartas; cuentan que en aquella época había hasta una línea telefónica directa para jugar números en la lotería de Miami, Estados Unidos.

En 1954 ya se había ampliado la sala de juegos, emplazada donde hoy se encuentra el restaurante «Los Jardines». Se dice que fue dedicada a la jerarquía del gobierno de Fulgencio Batista, muy afecta a las apuestas y a las famosas «palas», hombres y mujeres de buena apariencia, elegantemente vestidos, con aparente amplio manejo del dinero, pero que realmente operaban como señuelo para incitarles al juego. En esta etapa también fueron ampliados la cafetería y un salón de juegos más modesto donde, entre otras cosas, se encontraban las máquinas traganíqueles o «ladrón de un solo brazo», como popularmente se les conocía.

Luego del triunfo de la Revolución el primero de enero de 1959, el juego fue suprimido y la instalación pasó a manos del Gobierno Revolucionario. Algunos pensaron que el fin del juego era el fin de «Tropicana», pero la magia de las superproducciones desbordantes de glamour, sensualidad y colorido; la presencia de cientos de artistas en escena y el frondoso bosque tropical que viera nacer el cabaret, han ratificado que «El Paraíso bajo las estrellas» continúa estando en «Tropicana», meta obligada y deseada por turistas y visitantes de todos los confines del mundo.

Al bajarme del taxi, sentí de nuevo que había viajado a otro mundo, distinto e irreal, si recordaba el recorrido que había hecho durante el día. Un anfitrión me tendió la mano al tiempo que me preguntaba si tenía o no reservación, para entonces indicarme el lugar por donde debía seguir y mostrar mi ticket. Si deseaba hacer fotografías, debía comprar un nuevo ticket; pagar un impuesto, pues.

El personal que estaba detrás del mostrador donde se atendía a los visitantes, lucía impecable. Trajes sastre oscuro; maquillaje inmejorable y hasta perfume tenían. Haciendo abstracción de toda mi experiencia previa de ese día, podría haber sentido que estaba en la sala show de cualquier gran ciudad del mundo.

Traspuse la entrada dejando atrás una larga cola de visitantes que no llevaban reservación. Dentro ya, en un pasillo previo a la salida hacia el gran «Salón Bajo las Estrellas», un amplio corredor lleno de espejos daba la bienvenida, y unas hermosas mulatas cubanas vestidas de fiesta fungían de guías hacia los sitios reservados para cada quien. Estas me condujeron hasta la entrada hacia el jardín, donde un mesonero se encargaría de ubicarme.

Mostré mi ticket y enseguida me condujeron hacia una mesa rectangular con capacidad para al menos diez personas. Debo confesar que estaba yo un poco nerviosa. En Caracas, mi ciudad, jamás he ido ni al cine sola. Nunca; ni una sola vez. En cambio, allí estaba yo, nada más y nada menos que en Cuba, en pleno Tropicana, íngrima y sola en el día de mi cumpleaños, para colmo, y teniendo que compartir mesa con otras seis personas absolutamente desconocidas. «¡Ay no, mijita! ¡Tú sí has cambiado! ¡Te felicito! ¡Así se hace! ¡Siéntate y sonríe!... ¡Ah… y tómate un traguito, mija, que para eso viniste, para celebrar y para divertirte! ¡Total, aquí nadie te conoce! ¡Así que deja la mojigatería y relájate! ¡Estás en el Tropicanaaaaa… como en tu casa, chica! ¡Piensa en Sábado Sensacional y en tu admirado Joaquín Riviera, que salió de aquí mismito! ¡Ajá, sí! ¡Vamos! ¡A celebrar tu cumpleaños! ¡Salud!».

Antonio y Julia esa noche celebraban 15 años de haberse conocido. Estaban en la isla persuadidos por su entrañable amiga Ángela, una cubana perteneciente a un contingente de alrededor de diez mil que en la década del 70 emigró a la madre patria según el Padrón Municipal de Habitantes publicado por el Instituto Nacional de Estadísticas (INE), cuyos datos contabilizan la población local hasta el 1 de enero de 2008. Cada año, según las estadísticas disponibles hasta entonces, el consulado de España en la isla suele tramitar unos 3 mil matrimonios entre nacionales e Ibéricos. Ese era el caso de Ángela, que volvía a su tierra para mostrar a sus amigos españoles algunas de las cosas dignas de ver aún en aquella isla que sin embargo había decidido dejar hacía ya cuatro décadas. Parte de su familia aún reside allá; su hija, para ser exactos.

Al llegar a la mesa, Antonio, dicharachero y jovial, me dio la bienvenida y me presentó a todo el grupo: su compañera Julia, con la que estaba cumpliendo quince años de feliz relación; su amiga Ángela y su esposo Miguel; Carmen y Manuel, la hija y el yerno de Ángela, que celebraban cuatro años de matrimonio. Todos celebraban algo, me dijo, así que de una vez les comenté que estaba yo de cumpleaños. Enseguida Antonio promovió un brindis por todas aquellas coincidencias. Todos reímos en esa pequeña bienvenida que sirvió sin duda para romper el hielo, aunque por ratos, durante la velada, no pude evitar sentir que estaba de intrusa en una celebración familiar.

El lugar se fue llenando rápidamente de gente de las más variadas nacionalidades, a juzgar por su vestimenta y por su aspecto. Aquello sin duda era un paraíso bajo las estrellas. Lucía majestuoso. La tarima o bóveda celeste, como la llaman, allí frente a nuestra mesa, parecía como enclavada en un bosque tropical lleno de ceibas, mamoncillos, palma real; todo un exuberante follaje que se entremezcla con los arcos de la estructura principal donde se desarrolla buena parte del espectáculo. Dicen que allí cabe un millar de personas distribuidas alrededor del escenario, que también tiene una pista móvil y algunas rampas aéreas que usan los artistas durante el show. Los espectáculos suelen comprometer la participación de al menos un centenar de artistas, entre bailarines y músicos.

El espectáculo de la temporada se llamaba «Tambores en concierto», y el presentador oficial era el famosísimo Tomás Morales, coreógrafo y director artístico del lugar; por cierto, Morales fue distinguido el mismo año de mi visita, con el Premio Nacional de Danza, en reconocimiento a su trayectoria en televisión y los principales cabarets habaneros, entre ellos, el Tropicana. Allí hizo incursiones como bailarín, y más tarde se estrenó como coreógrafo y codirector de ese centro nocturno; allí ha estado por décadas y en algún momento compartió funciones nada más y nada menos que con Joaquín M. Condal y nuestro Joaquín Riviera, ese cubano trasplantado en Venezuela que trajo a la televisión de este país, mucho de la magia del Tropicana y de la fastuosidad de sus espectáculos. Ver aquel show fue como descubrir algo de la cédula de identidad de nuestro Joaquín Riviera.

Mis compañeros de mesa tomaban y reían animadamente. Antonio el que más, y disfrutaba recordando episodios del día en su primer recorrido por las calles de Centro Habana. La hija de Carmen y su esposo poco tomaron parte de la conversación general. Se les notaba retraídos, casi apenados; más bien como si se sintiesen fuera de lugar, y tal vez era así. El contraste en su forma de vestir frente al resto del grupo era evidente. No lucían mal, pero sus atuendos revelaban que aquella era para ellos una noche extraordinaria; de festejo, de ida a un teatro al que seguramente, como yo, estaban conociendo aquella noche, pero al que sin duda no volverían, a no ser por un nuevo viaje de Carmen. Una pareja prácticamente recién casada en La Habana, sinónimo de muchas carencias y limitaciones; muy a pesar del apoyo que seguramente la madre, ahora desde España, les brindaría. En moneda convertible, una entrada al show estaba por el orden de los 70 u 80 Cuc, algo que definitivamente un cubano promedio no puede darse el lujo de gastar, si es que acaso logra reunirlos. Dependiendo del servicio que uno quisiese contratar el precio varía, pero siempre hacia arriba. El mío contemplaba media botellita de Habana Club; un platillo con picadillo de queso, una austera rebanadita de salami; un palito de harina y ajo y una minúscula muestra de una suerte de pasta de atún. Un refresco o «kola» y una copa de vino espumante como bienvenida.

Antonio y su compañera dejaron el platillo a medio comer; lo mismo Carmen; pero la hija y su esposo, no dejaron ni una migaja. De hecho, luego de ese platillo incluido con la compra del ticket, el grupo decidió cenar. Me convidaron, pero dije que ya lo había hecho. Les trajeron una entrada de quesos variados, adornados con rebanadas de patilla. Fruta bomba la llaman allá. Y de nuevo, la hija de Carmen y su esposo despacharon toda la fruta bomba, no solo de sus platos; también de los platos de sus compañeros. Luego, con el pasar de los días en La Habana, comprendí que aquello, para cualquier cubano promedio, es un manjar de los dioses, muy difícil de conseguir; y si se consigue, casi imposible de pagar; y si se consigue y se paga, entonces hay que soportar las miradas inquisidoras de muchos que no se pueden dar ese lujo y no se explican cómo para otros esa puede ser una prioridad. Ver a aquellos dos seres comer con tanto gusto lo que para mí eran unas escuetas rebanadas de patilla, me produjo mucha congoja.

Mientras cenaban, Antonio comentaba que había escuchado muchas veces decir que desde España y muchos otros países, se despachaban vuelos *charters* para pasar una sola noche en La Habana, e ir al show del Tropicana. «Aunque otros vienen a hacerse el santo», agregó, lo que arrancó una palmada en su brazo de parte de Julia, su pareja; pero Antonio no le dio importancia; en medio de enormes carcajadas y unas cuantas copas de vino, solo respondió: «hombre, que en Cuba también hay santos buenos y santos malos».

—¡Bingoooo! ¡Te lo dije, mijiiiiiiiiiiitaaaa! ¿Escuchaste eso, periodista? ¡Yo no me voy de aquí sin saber lo que es el asunto ese de la santería! ¡ni loca! ¡Eso es como ir a París y no probar una baguette o comerse una crêpe y caminar por Montmartre! ¡Ja, ja, ja, ja, ja, ja, esto me está gustando, periodistaaaaa!

La música comenzó a sonar. Trompetas, violines, qué sé yo; sonaba a obertura del Olimpo, la verdad. Me sentí de inmediato como en Radio City o en el mismísimo Lido de París. El escenario se llenó de luces multicolor, y de inmediato, apareció el anfitrión, Tomás Morales, quien nos dio la bienvenida en español, inglés y francés para, acto seguido, presentar al grupo polifónico «Vocalité»: cuatro chicos que desarrollan una súper presentación imitando con sus voces y a golpe de manos, varios tipos de instrumentos. Lo que musicalmente se conoce como *sampling* o muestreo, un fenómeno que siempre me ha fascinado. Sonaban como una verdadera orquesta vocal combinando el son, la guaracha, el bolero, la cumbia, el calipso, la salsa y muchísimos otros géneros de la música internacional mezclados con el baile y una sorprendente forma de interactuar con el público. Al cabo de unos minutos, la mitad del público ya estaba cantando animadamente según instrucciones de los cantantes, y la otra mitad respondía con otro canto. Sencillamente espectacular.

Acto seguido comenzó el show «Tambores en concierto». Aquello fue de otro planeta. La música, los bailarines, el sonido de los tambores, algo realmente suntuoso y de una altísima factura. Me fijé muy detalladamente en los trajes. Todos lucían muy bien hechos. Las telas, indudablemente importadas. Los accesorios, el maquillaje, los zapatos y, por supuesto, los insuperables tocados exóticos de las bailarinas revelaban una abundancia imposible de encontrar en casi ninguna otra parte de la isla. «Ay mijita, ¡qué belleza! Para esto sí que tiene plata el gobierno, ¿no ves? Para llenarle el ojo a este pocotón de turistas y quedarse con los billeticos verdes, mi amor; no como la pobre piscina de la casa del escritor Premio Nobel que vimos esta tarde ¿ah? ¡Que viva la revolución, chica!».

Pese a esa cruel paradoja, era imposible no rendirse de admiración ante la destreza del cuerpo artístico y la versatilidad del espectáculo. Lo mismo la atención se centraba en pleno escenario, como de pronto, casi entre las mesas de los asistentes aparecían las tarimas móviles con nuevos números de baile y hasta acróbatas, que harían palidecer al mismísimo Antonio Drija, único bailarín venezolano que ha logrado ingresar y permanecer, que es mejor aún, en el Cirque du Soleil.

Al cabo del show, Morales invitó a los asistentes a disfrutar de la música de la orquesta de turno, y lo mejor y muy esperado por algunos, usar la pista de baile hasta el amanecer. Muchos no esperaron ni un segundo y enseguida tomaron por asalto el espacio y se dejaron llevar por la música, el ánimo y la emoción del lugar. Quise tomarme algunas fotos con el grupo de mi mesa para guardar el recuerdo. Todos aceptaron gustosos; Antonio, el primero, sin duda. A lo largo de la velada en varias oportunidades llenaron mi copa de vino tinto como si fuera una más de la familia. Les di las gracias por tanta amabilidad y sin más me dispuse a regresar al hotel.

—¡Epa, epa! ¿Para dónde vas, chica? ¿No vamos a echar un pie, aunque sea? ¿Tú no dizque bailas hasta la rueda de Casino? ¿Y entonces?

Tomé un taxi asistida por el anfitrión de la entrada principal. Otros 10 Cuc para llevarme. Las calles estaban prácticamente vacías y a decir verdad, llegamos pronto al hotel. Era casi la media noche. Ya en mi habitación, encendí el televisor, y en el canal Cubavisión Internacional, estaban transmitiendo una entrevista con la prestigiosa actriz cubana Laura de la Uz, hablando de su personaje «Larita» en la película *Hello Hemingway*, dirigida por Fernando Pérez. La cinta ha ganado premios insignes: mejor película y mejor banda sonora en el Festival del Cinema en Trieste; mejor fotografía en el Festival de Cartagena de Indias en Colombia y hasta estuvo nominada en 1992 como mejor película extranjera de habla hispana en los premios Goya.

En la entrevista, De la Uz dejaba claro que su personaje, una chica humilde vecina de Hemingway, entusiasmada por la literatura estadounidense al leer *El viejo y el mar*, soñaba con escapar de la pobreza e irse a estudiar a Estados Unidos. Víctor, su novio, estaba más preocupado por la política y las injusticias económicas de la isla, producto de tanta corrupción. «¡Andaaaaa! ¿Pero no era que aquí la educación está garantizada para todos? ¿Cómo hacen una peli que cuente esta historia, chica? ¿Quejesto?».

En la ficha de la película se aclara que es una historia de ficción. Pero ese no es el punto. El punto es que está ambientada en el año cincuenta, y para ese momento, Cuba vivía la dictadura de Fulgencio Batista, un militar que había ocupado la presidencia por primera vez producto de elecciones libres en 1940, pero que doce años después, a escasos cuatro meses para nuevas elecciones presidenciales en las que volvía a presentar su candidatura, cuando las encuestas le situaban en un tercer lugar, se hizo del poder esta vez mediante un golpe de Estado. «Bueno, al menos allá en nuestro país pasó al revés. Primero el golpe de Estado que no funcionó y después elecciones libres. Aunque, mijita, hay dictaduras democráticas hoy en día ¿no crees? ¿Te imaginas que el que te conté, el comandante de allá quiera regresar dentro de unos años?, porque en 2012 hay elecciones presidenciales y dicen que va a salir. ¡Auxilio! ¡Ay, no! ¡Apaga ese televisor, mijita! ¡Esto es como mucho para un solo día!».

CITY TOUR

A la hora prevista llegó el guía de la compañía de turismo a recogerme en el hotel. Era la única que haría el recorrido ese día, así que nos fuimos enseguida. Mientras me subía al autobús, el guía, Randy, me explicaba que iríamos a otro hotel a buscar al resto de los turistas. Conmigo llevaba solo tres de sus 37 pasajeros. Randy vestía una *chemise* con el logotipo de la compañía de turismo bordado. Pantalón negro de vestir pulcramente almidonado y planchado. Zapatos negros cómodos, sport elegante y bien pulidos; suelas de goma. Lucía impecable, y llevaba el cabello peinado con gomina.

Rodamos unas pocas cuadras y llegamos al hotel Habana Libre, situado en una de las esquinas más céntricas de El Vedado. Allí se incorporaron dos chicas colombianas; un matrimonio de uruguayos y veinte argentinos que viajaban juntos. Madre e hija mexicanas que estaban en el bus al subirme yo completaban el grupo. Mientras esperábamos a esos pasajeros, la fachada de un edificio frente al hotel llamó mi atención. Los vidrios de las ventanas estaban rotos, y se mantenían en su sitio gracias a sendas tiras de cinta adhesiva. En general, la pintura de aquel edificio estaba como la mayoría: gastada y sucia. De una ventana a otra que estaba al lado, cruzaba un cable por el lado de afuera del edificio. Pero el gran detalle era que debajo de esas ventanas, pude leer el nombre de dos médicos; es decir, aquello era el lugar de consulta de dos médicos cubanos. «¡Andaaaaa! ¡Si eso es por fuera, cómo serán esos consultorios por dentro, mijita! ¡Qué horror! ¿No te digo? ¡Que viva la medicina cubana, niña!».

Lo que escuché decir a Randy, no bien comenzó a rodar el bus, me volvió a sorprender tanto como la letanía abortada de la vendedora de ceniceros de mármol y como el episodio de las barbacoas que me mostrara Gabriel *motu proprio*. De entrada, así no más, Randy nos dejó saber que él tenía un *speech* preparado que es el que se espera maneje como guía turístico, pero que, si alguno de nosotros hacía cualquier tipo de pregunta, pues él la respondería.

Apenas pude creer lo que acababa de escuchar. Se supone que los privilegiados trabajadores del turismo son personas que han pasado unas cuantas evaluaciones; que son aprobados por el régimen. A prueba de fidelidad, pues. Sin embargo, aquel Randy nos estaba abriendo la puerta de par en par a cualquier tipo de inquietud. La mayoría lo asumió como una picardía cómplice; y hasta se rieron de la aclaratoria.

Randy comenzó contándonos que Cuba tiene unos once millones de habitantes, el 25 por ciento de los cuales vive en La Habana. Acto seguido, hizo un paso rasante por los lugares que visitaríamos, para darnos una panorámica de lo que podríamos ver ese día: el famoso malecón, que tiene siete millas y media de longitud y fue construido en cinco etapas, la última de las cuales termina en el túnel La Línea; pasaríamos por Cubanacan, al que llamó el «Beverly Hills» de Cuba, no sin antes aclarar que está reservado al funcionamiento de oficinas y algunas sedes diplomáticas; Miramar, una zona construida al final de la Segunda Guerra Mundial, cuando Cuba era la tercera economía de la región, antecedida por Argentina y Estados Unidos, ahora convertida en epicentro del polo turístico que se creó en 1990; allí funcionan hoteles de cinco estrellas con servicios que incluyen traslados permanentes al casco histórico; Habana Country Club, que se encuentra al final de la Quinta Avenida, una de las más lujosas de la ciudad; El Vedado, una zona cuyas construcciones asemejan en mucho a los típicos chalets californianos, construidos en la década del cuarenta; en la etapa colonial era un gran bosque donde se prohibía la tala;

una protección natural usada como refugio para esconderse de los ataques piratas. Dijo que pasaríamos frente al cementerio Cristóbal Colón financiado por la Iglesia católica de Cuba, y con una extensión más grande que el Estado Vaticano (tiene 56 hectáreas y media). También iríamos al Capitolio, a la Fortaleza del Morro y a ver los monumentos históricos de la plaza de la Revolución. De una vez, Randy aclaró que no bajaríamos sino en dos o tres lugares estratégicos, dado que todos habíamos contratado un city tour de solo medio día.

—¿Dónde vive Fidel? —soltó a bocajarro uno de los argentinos apoderados de la parte de atrás del bus, apenas Randy terminó su primer *speech*. De inmediato todos estallamos en carcajadas.

—¡Una pregunta *light* para comenzar!, completó uno de sus compañeros.

Randy también sonrió y no dudó en dar la respuesta.

—Esa es la pregunta que todos se hacen aquí. Nadie lo sabe a ciencia cierta. Todos concluyen que no hay un sitio fijo; por su propia seguridad. Muchos aseguran que es en un área de acceso prohibido al final de la Quinta Avenida; pero se sabe que no siempre está allí. Su seguridad es fuerte, como todos ustedes se pueden imaginar.

Para ese momento, ya nos aproximábamos a la plaza de la Revolución. Randy comentó que allí el comandante ha pronunciado el discurso más largo que se le conoce: 14 horas de duración. Mientras estacionábamos, al dar un primer vistazo de esa plaza por la ventanilla, una ola de frío recorrió mi cuerpo. Me dio mucha impresión estar en un lugar que tantas y tantas veces había visto por televisión y donde tantos discursos absurdos, largos y abusivos habían tenido lugar. Aunque también vino a mi memoria el concierto «Paz sin Fronteras» que promovió el cantante colombiano Juanes en 2009.

Randy nos pidió que bajáramos. Tendríamos cinco minutos para ver las fachadas y hacer fotos, pero solo desde el centro de la plaza, una de las más grandes del mundo, por cierto, con 72 mil metros cuadrados aproximadamente. Fue creada en tiempos del presidente Fulgencio Batista y originalmente fue llamada plaza Cívica, aunque su fama internacional comienza con la revolución castrista.

No pude evitar dirigir la mirada en primera instancia al grabado escultórico con el rostro del Che Guevara. Sin duda, se trata de uno de los íconos más significativos de esa plaza y de La Habana toda. El grabado lo hizo Enrique Ávila a partir de una fotografía de Korda. Esa imagen me congeló por segundos. Tan abstraída estaba frente al edificio del Ministerio de Interior, en cuya fachada está el grabado, que uno de mis compañeros de tour junto a su esposa, me ofreció hacerme una fotografía. De inmediato les agradecí el favor y la iniciativa, y les alcancé mi cámara. Por un momento pensé que perdería la oportunidad de hacer una de las fotos más emblemáticas de mi visita, con el grabado del Che detrás, que por cierto dice al pie del retrato la sempiterna letanía: «Hasta la victoria siempre». Las baterías comenzaban a fallar, y solo arrancó cuando la apagamos y volvimos a encender.

Nada más tuve que darme vuelta e hicimos la otra foto significativa, con el Memorial a José Martí de fondo. En ambas salgo de lo más risueña, cuando lo que realmente tenía era una profunda desazón. Pero los chistes de mis compañeros uruguayos al lograr la hazaña de hacer funcionar la cámara me devolvieron al «modo» turista de inmediato.

La torre que está en el centro del monumento a Martí, frente a la plaza, es la construcción más alta de La Habana. Tiene 142 metros. La pirámide, de aproximadamente 28 metros de ancho, tiene en su interior un ascensor que recorre una distancia de 90 metros, aunque también se puede subir por escaleras. Son 579 peldaños en total. En el área de la base del monumento se leen 79 pensamientos de Martí grabados con letras color oro, distribuidos en los cinco salones que allí existen. La parte superior es una réplica de la planta baja. En el piso están reflejadas las distancias existentes entre el monumento y las capitales de 43 países, así como de ocho lugares de la isla. La estatua de mármol a las afueras mide unos 17 metros.

El otro flanco emblemático es el grabado homenaje a otro de los grandes héroes de la revolución cubana, Camilo Cienfuegos, hecho por el mismo artista que fabricó el grabado del Che, solo que más reciente: fue inaugurado en 2009. En la parte inferior se lee: «Vas bien Fidel, vas bien». Al otro lado de la plaza, está el edificio del Teatro Nacional de Cuba.

La plaza es imponente, sin duda. Pese a que miles de escenas, actos, discursos venían a mi cabeza, la imagen que tenía delante de mí era prácticamente inofensiva. Había sol. Todo lucía tranquilo y hasta apacible. Varios turistas la recorrían haciendo prácticamente las mismas fotos. Sin embargo, sentí como si estuviese frente a un gran elefante dormido. Me hizo recordar aquella sensación inenarrable de cuando entré en uno de los hornos crematorios de Auschwitz II y que cinco años después no ha querido deshabitarme. Imágenes estáticas frente a mí, pero miles de sensaciones y emociones revolviéndose dentro.

Ya de regreso en el autobús le dije a Randy que las baterías de mi cámara estaban por terminarse; que necesitaba comprar unas nuevas. Arrugó la cara y me dijo «es un poco difícil, pero vamos a ver si en el casco histórico las encontramos».

—¿Es verdad que en Cuba está prohibido comer carne de res? —pregunté.

—Matar una vaca es un delito en Cuba. Comer carne de res, por ende, puede acarrear muchos problemas. El cubano promedio además es pobre. Come muchos carbohidratos y tiene serias dificultades para alimentarse, porque los precios van por un lado y los salarios por otro. Básicamente la alimentación es arroz, yuca, frijol, papa, cerdo y algo de pollo. Comemos mucho pan y espaguetis. En Cuba el porcentaje de infartos y diabetes es alto, y tiene que ver mucho con la alimentación. Al cubano promedio casi no le gustan los vegetales, y es que tampoco son fáciles de conseguir. Hay que acudir a algún mercado agropecuario privado que son manejados algunos por los propios campesinos o por intermediarios. La mayoría del pollo se lo reserva el Estado, como también el 90 por ciento de la propiedad de la tierra. Por eso nadie quiere trabajar el campo ya, y menos por solo 20 dólares al mes. Ha habido un éxodo importante hacia la ciudad, aunque recientemente el gobierno está dando nuevos incentivos para que la gente vuelva a trabajar en los campos. Tenemos una producción muy baja de alimentos, y lo que se importa para suplir eso, por supuesto produce que se tripliquen los precios y que haya escasez.

En un documental realizado por Yesenia Álvarez, una integrante del Instituto Político para la Libertad de Perú, encontré testimonios de primera mano sobre el tema de la prohibición de comer carne de res y también langosta. Darsi Ferrer, un hombre perseguido por el régimen castrista y miembro del Centro Salud y Derechos Humanos «Juan Bruno Zayas», decía que «los cubanos hoy en día llevamos 50 años con la prohibición de comer carne de res; algo tan simple. Si en mi refrigerador viene ahora un policía y encuentra tan solo un bisteck de res, me decomisa el refrigerador y puedo ir preso; sí, puedo terminar en prisión. Claro, el extranjero puede comer lo que quiera, pero aquí el hambre tiene loca a la mitad de la población. La langosta, nosotros que estamos en una isla, no podemos comerla; está prohibida también».

Yesenia Álvarez fue expulsada de la isla según ella misma ha contado a los medios de comunicación. Pero el trabajo ya estaba hecho. En el impactante documental, también está el testimonio de un miembro del partido Progresista, Manuel Cuesta Mora: «El mercado negro es la institución que ha permitido a los cubanos sobrevivir y el pueblo lo sabe. La comunidad internacional a veces no entiende; dice cómo es posible que el cubano no se rebele ante tanta pobreza. Yo creo que sí nos hemos rebelado y lo hemos hecho a través de la ilegalidad. Yo, por ejemplo, para alimentar a mi hijo y darle la leche, debo recurrir a una persona que la vende fuera del mercado legal». El asunto es que según el cubano de a pie, el Estado proporciona la leche a los niños solo hasta que cumplen su primer año.

—¿Por qué no pintan las fachadas de las casas y los edificios? —preguntó a Randy otro de mis compañeros de tour.

—Aquí no existe eso que ustedes llaman el condominio. Nadie se pone de acuerdo. Comprar pintura no es fácil, y tampoco es una prioridad cuando debes ocuparte de conseguir lo elemental para comer, por ejemplo.

—Debería hacerlo el Estado entonces si es el propietario de la mayoría de las cosas aquí —dijo otro pasajero.

—Sí —respondió Randy—, pero no lo hace. Tampoco construye viviendas. Muy poco.

No bien reiniciamos la marcha, Randy nos hizo saber que el Memorial a Martí, en forma de estrella ascendente, simboliza el triunfo de Cuba ante el largo dominio español. De hecho —dijo—, aun cuando la isla estuvo bajo esa égida alrededor de tres o cuatro siglos, su vinculación con Estados Unidos ha sido más determinante. «Fíjense que nuestro deporte nacional no es el fútbol, como en España, sino el beisbol, como en Estados Unidos». Con algo de resignación en su talante, agregó que la principal actividad en Cuba ha sido la agricultura, con el cultivo de la caña de azúcar y café. También ha producido papel, ron, cartón, muebles. «Nuestro liderazgo en el cultivo de caña nos lo dejamos arrebatar por Brasil. Cuba ha destruido su industria azucarera. La producción se ha reducido a casi la mitad. Para colmo —dijo—, nos pusimos a buscar petróleo en lugar de producir etanol. Este año, por ejemplo, Cuba ha tenido la peor cosecha de su historia en caña y café. Todo tiene que ver con el éxodo a la ciudad que les comenté antes. Ahora sobrevivimos; antes, en la década del 70 u 80, medio vivíamos con 200 pesos; éramos una sociedad mucho más cerrada, pero podías medio vivir con 200 pesos de salario mensual, ahorrar un poco y pasear, mal que bien, pero pasear. Ahora todo es mucho más difícil. Aquí siempre se ha pregonado lo de la sociedad igualitaria, pero la verdad es que siempre también ha habido grupos que están mejor que el resto».

Llegamos al Capitolio nacional. Una edificación realmente relevante que data de 1929. Según Randy, su construcción se inició en 1924, demoró cinco años y costó alrededor de 25 millones de dólares para la época, y estaba destinado a ser la sede de las dos cámaras del Congreso o cuerpo legislativo de la isla. «Lástima que ahora está de adorno», le dije. A lo que respondió: «Sí, solo se usó como parlamento durante 30 años».

Bajamos del autobús y frente a las escalinatas, Randy hizo un resumen de la estructura. La construcción se inspira en el clásico Capitolio romano. Tiene una fachada acolumnada neoclásica y su cúpula alcanza los 91,73 metros de altura. «Aquí estamos entre las calles Prado, Dragones, Industria y San José —dijo—. Este es el origen kilométrico de la red de carreteras cubanas, y después del triunfo de la Revolución, cuando fue disuelto el Congreso, fue transformado en la sede del Ministerio de Ciencia, Tecnología y Medio Ambiente, y de la Academia de Ciencias de Cuba. También se suelen alquilar alguno de sus salones internos para eventos especiales, y hay un museo. Es uno de los centros turísticos más visitados de la ciudad y uno de los íconos arquitectónicos de La Habana. Es nombrado por algunos expertos como uno de los seis palacios de mayor relevancia mundial. En otros tiempos ha estado abierto al público, pero como pueden ver en ese aviso frente a una de las estatuas al final de las escalinatas, ahora está en remodelación».

—¿Cuánto tiempo lleva en remodelación? —pregunté

—Bastante. No recuerdo —respondió con un gesto desdeñoso que me hizo pensar en otra de las engañifas del régimen.

Dejó que tomáramos unas cuantas fotos y sugirió que compráramos agua o algo de beber a los vendedores ambulantes que

estaban en la acera. Pedí a mis amigos uruguayos de nuevo ayudarme con la foto. Quería una en las escalinatas para mostrar las
dos estatuas emblemáticas y el letrero que anuncia la remodelación. La tomamos, pero salió algo cortada, por lo que hice un plano de detalle luego. Allí se lee claramente el aviso suscrito por la
Oficina del Historiador de la ciudad. Dice: «cerrado por obras de
restauración». De todas formas, en la foto que me tomaron en las
escalinatas, se distingue el cordón azul que impide el paso de visitantes, y las dos esculturas hechas por el artista italiano Angelo
Zanelli. A la derecha del encuadre la estatua del Trabajo, y a la izquierda, La Virtud Tutelar del Pueblo, así se llama. «Andaa, ¡qué
pueblo ni que pueblo, chica! ¿Has visto? ¿Que nadie puede entrar?».

Mientras el grupo tomaba sus fotografías, compré un par de
botellitas de agua con gas; le ofrecí una a Randy, y le recordé las
baterías de mi cámara. Me pidió esperar y fue corriendo al otro
lado de la calle, a una suerte de bodeguita para ver si las encontraba. Mientras, un par de ancianas cubanas se me acercaron para
ofrecerme «cucuruchos de maní». Se trata de los famosos conos
de papel llenos de maní tostado. Aquellos los habían recolecta-
do ellas mismas, según me dijeron. «Es para resolver, niña. Ya tú
sabes, unas viejitas como nosotras pasamos mucho trabajo aquí».
No pude evitar recordar la canción: «Caserita no te acuestes a dormir, sin comprarme un cucurucho de maní».

La figura del manisero está íntimamente ligada al folclore de la
isla. Es oriundo de Brasil, fue domesticado en Perú, convertido en
mantequilla en los Estados Unidos pero hecho pregón callejero
en Cuba. El manisero cubano se convirtió también en una pieza
musical de éxito internacional, cuya autoría se atribuye a Moisés
Simón Rodríguez, mejor conocido como Moisés Simons, un compositor, pianista y director de orquesta cubano. A la postre, dio título a uno de los discos del mundialmente famoso cantante de
boleros y música cubana, Antonio Lugo Machín. Lo grabó en 1930
acompañado por la orquesta de Don Aspiazu para la compañía

Víctor de Nueva York, y constituyó el primer éxito millonario en ventas de la música cubana fuera de la isla.

No vacilé en comprar un par de cucuruchos de maní. Las ancianas estaban encantadas, muy agradecidas y risueñas. Se me ocurrió pedirles que me permitieran tomarme una foto con ellas y los cucuruchos. «Sostenga el diario *Granma* —le pedí a una de ellas— para que sepan que de verdad estuve aquí con ustedes». Ambas rieron a carcajadas y aceptaron gustosas. Uno de mis compañeros del tour nos hizo la caridad de disparar la cámara y *voilá*; una de las fotos más lindas, según mis amigos que han podido verlas todas.

Cuando les di las gracias a las ancianas por las fotos, una de ellas me dijo sin ningún prurito: «Mi amor, tienes que darme un Cuc. Eso cuesta la foto» —dijo—. «A mí también», saltó la otra. No pude evitar una hemorragia de carcajadas provocadas no solo por la sorpresa que aún me producía una cosa como esa, sino por el desparpajo y la candidez del rostro de aquellas hermosas ancianas, vestidas de blanco, con sombreros floreados, collares vistosos y hasta una muleta que llevaba una de ellas. Ellas rieron conmigo en medio de una suerte de discursillo quejumbroso y pícaro donde volvían a decirme que si no hacían esas pequeñas travesuras no tendrían qué llevar a sus casas por la noche. Les di las monedas y de nuevo las gracias, para reincorporarme al grupo aún con las carcajadas a flor de labios. «¡Reír para no llorar, mijita! ¡Fin de mundo! ¿Qué te pasa? ¿Te imaginas a tu mamá en ese plan cuando tenga esa edad? ¡Socorro, niña!».

Nuestra siguiente parada fue en la Fortaleza del Morro, al este de la ciudad, justo donde comienza el canal de entrada a la bahía, sobre un elevado escarpe de cara al mar abierto. Bajamos del autobús y Randy nos pidió concentrarnos allí, frente a uno de los muros donde vendedores ambulantes exhibían casi todo tipo de mercancías: desde lienzos con pinturas muy coloridas hasta una gran variedad de objetos hechos a mano: camisas tejidas con ganchillo; monederos; *souvenirs*, pues.

El Morro fue construido entre 1638 y 1700 por necesidades defensivas frente al acoso de los piratas, según un proyecto del ingeniero militar Juan Bautista Antonelli, y con la intervención también de Juan de Zízcara Ibañez. El 4 de diciembre de 1997, la Unesco lo declaró Patrimonio de la Humanidad, porque lo consideró el ejemplo más vasto y el más completo exponente de los principios de la ingeniería militar del renacimiento en el Caribe. «El Morro era el elemento central de un sólido sistema defensivo que se expandía tanto al este como al oeste de la bahía, integrado por otras fortalezas, fuertes y bastiones», nos explicó Randy.

Los atractivos derivados de la ubicación geográfica de Cuba, llamada en la época colonial «Perla de las Antillas» por sobradas razones, despertaron el apetito de corsarios y piratas que aspiraban hacer presa la villa de San Cristóbal de La Habana. A ello se sumó la decisión de la corte española de convertir el puerto de La Habana en centro de concentración de los navíos cargados con los tesoros del Nuevo Mundo antes de partir hacia la metrópoli. Todo ello determinó la orden real de construir un sistema de fortificaciones capaz de proteger los bienes de la Corona y disuadir a los agresores de intentar apoderarse por la fuerza de la capital de la isla.

Hacia diciembre de 1563, el monarca se dirigió a sus funcionarios en La Habana y les indicó la construcción de obras defensivas sobre una roca de gran altura a la entrada de la bahía, como una especie de guía para las naves amigas y también como guardián contra las enemigas. El llamado Castillo de los Tres Reyes del Morro, proyectado como varias de las defensas más importantes de la isla por Antonelli, es una fortaleza de tipo renacentista, construida como un polígono irregular.

El propio desarrollo de la ciudad fue eliminando las murallas, de las cuales solo quedan apenas vestigios en la actualidad; sin embargo, fue incapaz de acabar con la tradición que los habaneros llaman con orgullo «el cañonazo de las nueve», que muchos utilizan para poner en hora sus relojes. Hoy, una guardia de hombres —vestidos con uniformes de la época— se dirige con paso marcial hacia la pieza designada para el disparo, seguidos de cerca por la mirada de los visitantes (nacionales y extranjeros), que acuden cada noche al ahora parque histórico-militar del Morro y la Cabaña para presenciar una de las tradiciones más conocidas de La Habana, y luego disfrutar de platillos típicos en alguno de los restaurantes que hay en el lugar.

El discurso turístico a la hora de visitar la fortaleza tiene un correlato del que nunca se enterará un visitante poco familiarizado con la historia de la Revolución cubana. Entre sus paredes, la violencia habitó implacable, cobrando la vida de hombres considerados disidentes o espías o simplemente enemigos del régimen que se levantaba en 1959, con el «Che Guevara» dirigiendo las acciones como jefe militar designado en la Fortaleza de la Cabaña.

La revolución del comandante y sus partidarios, hizo de aquellas murallas y fortificaciones construidas para defender a los ciudadanos de piratas y corsarios, una eficiente infraestructura letal: líderes obreros, dirigentes estudiantiles, hombres de la sociedad civil, y hasta miembros decepcionados de su propia revolución, dejaron sus vidas ante el paredón de fusilamiento, eso sí, previa realización de juicios sumarísimos donde la absolución no era una de las opciones.

Mientras el grupo se dispersó para detallar las ventas de los ambulantes, subí de nuevo, cerca de donde habíamos dejado el autobús, para hacer alguna foto panorámica. Randy estaba conversando con una compañera suya que guiaba otro grupo de turistas. Me detuve muy cerca de ellos y comencé a disparar la cámara. Pude escuchar claramente cuando la compañera se jugaba con él por el simple hecho de llevar el cabello engominado. Él simplemente reía con picardía; pero era clarísimo que ese peinado era un pequeño lujo que definitivamente no todos pueden darse en La Habana.

Esperé que su colega se fuera para comentarle de los juicios sumarios y los ajusticiamientos, pero enseguida miró a su alrededor y dijo: «No puedo hablar de eso ahora». En cambio, me prometió ocuparse de las baterías de mi cámara no bien llegásemos al casco histórico. En los alrededores del Capitolio no las había encontrado.

—¿Nunca has salido de Cuba, Randy?

—Sí, Algunas veces. Tengo unos familiares lejanos que son belgas. He ido a verlos un par de veces, y ellos han venido también, ¿sabes? Han vivido en mi casa; han ido a comprar donde yo compro la comida; han vivido conmigo como cualquier cubano, y aún no encuentran cómo entender este modo de vida.

—Es que no es fácil, Randy. Afuera el proyecto político de aquí se vende como la panacea; el ideal de la vida en sociedad: equitativa y justa. Pero esto que he visto no tiene nada que ver con ese discurso. ¿Cómo haces si te enfermas, por ejemplo?

—¡Me encomiendo a la virgen de la Caridad y echo mano de mis ahorros! —dijo—. Por suerte, trabajo en turismo y gano más que la mayoría. Hoy, por ejemplo, voy a ganar en cuatro horas de recorrido con ustedes lo que el Estado me paga por un mes de trabajo. Hace poco, mi abuela, que tiene 80 años, tuvo un fuerte dolor de muelas. Se le había filtrado, me dijo el doctor. Mi familia la llevó a un centro de salud del Estado y le dijeron que no había cómo atenderla. No había anestesia y tenían que sacarle la muela. Mi esposa me avisó y enseguida fui a casa, busqué unos dólares, me fui allá y ¿sabes qué?, la anestesia apareció como por arte de magia. Cinco dólares pagué por una muela, pero resolví el problema.

—¿Y el que no tiene dólares?

—Pues más vale que tenga suerte o fuerzas para sacársela con las manos.

—Es un horror eso que cuentas.

—Es la vida del cubano. Así de simple.

—¿Nunca has pensado en irte?

—Sí, claro. Muchas veces. Tal vez lo haga más adelante. Puedo pedir a esos familiares belgas que me inviten y comenzar todo el trámite por allí, pero tengo un niño pequeño y mi esposa, que ha ido conmigo allá a la casa de ellos, dice que no se acostumbraría a ese clima. Por el momento sigo trabajando aquí en el turismo y tratando de ahorrar. Uno tiene algo de apego aún, a pesar de las calamidades, pero los jóvenes de ahora, esos sí que no andan con tonterías. Todos buscan la oportunidad de salir, de irse. Ya no quieren ni estudiar ni ser universitarios porque ¿para qué? Si no pueden progresar y ni siquiera es garantizado que puedan trabajar en su profesión. Es triste lo que está pasando con las nuevas generaciones aquí en Cuba.

Lo que Randy me contaba me hizo recordar una nota que leí en el diario *Granma* que me había regalado Gabriel. Escalofriante, la verdad, porque supuse que los protagonistas de aquella historia seguramente serían jóvenes; esos que Randy me contaba hacían lo imposible por buscar alternativas de vida y de ingresos. La nota apareció en la edición del día del cumpleaños del comandante, el 13 de agosto de 2010, en la página cuatro, titulada: «Señales Erróneas». Estaba firmada por Anaysi Fernández, quien la ilustraba con una fotografía de una gran antena receptora y esta leyenda: «A quienes realizaban esos negocios ilícitos les fueron ocupados equipos receptores de señales satelitales y otros medios».

La reseña comenzaba diciendo: «*A F. Cuan, sus conocimientos informáticos y su desempeño como técnico de radio le sirvieron para poner en marcha "un trabajito" que le aportaría unos cuantos pesos. Toda labor honrada y útil vale. Pero no era el caso. El modo de actuar y los medios utilizados transgredían la ley. Sin tener autorización, y utilizando tarjetas satelitales de Directv que recibía de Estados Unidos mediante mecanismos violatorios de las disposiciones aduanales, se dedicó a comercializarlas en el capitalino municipio de La Habana. Contactó con personas poseedoras de los medios necesarios para recepcionar las señales* satelitales, y les propuso la venta de dichas tarjetas en sumas que oscilaban entre 30 y 40 Cuc. Por la recarga de las mismas cobraba hasta 30 mensuales.

El negocio prosperaba y decidió expandirlo —continuaba la nota— entregando un grupo de tarjetas satelitales a uno de sus clientes, quien a su vez obtenía una ganancia de 5 Cuc por cada operación de venta o recarga. Una de las tarjetas fue a parar a manos de R. Talleres. Ni corto ni perezoso, viendo la posibilidad de abultar su bolsillo con el menor esfuerzo, aprovechó que poseía en su domicilio un receptor satelital para captar señales, y sin estar autorizado, extendió cables coaxiales hacia inmuebles vecinos. De este modo les facilitaba la recepción de señales televisivas extranjeras, cobrándoles por el ilegal servicio 5 Cuc al mes».

Más adelante la nota dejaba claro que «los responsables fueron sancionados por los tribunales populares, a penas de privación de libertad y trabajo correccional por el delito de Actividades Económicas Ilícitas. Para este tipo de actuación, el Código Penal establece condenas máximas de tres años de privación de libertad, o multas de hasta mil cuotas, o ambas, si fuera el caso. Como ocurre en casos similares, a los clientes —también violadores de disposiciones legales— se les imponen medidas administrativas consistentes en elevadas sanciones pecuniarias, y el decomiso de los bienes empleados para la recepción ilegal de las señales de televisión».

En un entre título que rezaba «Tarjetas Made in USA», la nota colocaba el ingrediente ejemplarizante, con otra historia tanto o más escalofriante. Lo curioso del asunto es que los nombres completos de los protagonistas o transgresores no son publicados. Solo se menciona la inicial y el apellido: «A finales de febrero, M. Orozco fue sancionado por el tribunal municipal de San Miguel de Padrón, a dos años de privación de libertad, por cometer el delito de Actividades Económicas Ilícitas. Él es ciudadano cubano residente en los Estados Unidos. Aprovechando que laboraba como instalador y reparador en la compañía Directv, y transgrediendo las regulaciones aduanales establecidas, en el 2004 logró introducir al país un decodificador satelital y un grupo de tarjetas. Estos llegaron a manos de un familiar cercano a través de diferentes personas que viajaban hacia Cuba, quienes en pago recibían cinco dólares por cada tarjeta satelital. Estas eran comercializadas en el país por personas —ya sancionadas— que se dedicaban a su venta y recargo, recibiendo a cambio cinco Cuc en cada operación. Con igual proceder, Orozco satisfacía la demanda de diferentes personas residentes en Cuba que realizaban pedidos de tarjetas satelitales por la vía del correo electrónico, dedicándose además a la activación de las mismas desde el exterior. Por disposición suya, el dinero era recogido por un familiar cercano y utilizado en remesas a familiares. De esta manera, los inescrupulosos involucrados armaron un negocio de señales y tarjetas satelitales Made In USA, finalmente desmantelado por las autoridades cubanas y juzgado por los tribunales, conforme a la ley y en defensa de nuestra soberanía».

Ya todos abordábamos de nuevo el autobús para llegar a nuestro destino final: un recorrido por la Habana Vieja, o casco histórico. Me llamó la atención que ninguno del grupo compró absolutamente nada. Yo tampoco. No sé qué extraña sensación me producía todo aquello. Era como si me paralizara, y eso que para las compras y los *souvenirs* no soy nada austera. No podía descifrar qué era.

Lejos de comentar algo de lo que allí habíamos visto, mis compañeros de tour comenzaron a conversar de su próximo viaje a Varadero y algunas otras playas cercanas. Se irían al día siguiente bien temprano. Todos lucían muy entusiasmados, y no ocultaban que era ese el verdadero motivo de su viaje a Cuba.

En el casco histórico, bajamos del autobús por el lado donde se encuentra el terminal Sierra Maestra, que por cierto ha sido declarado Patrimonio de la Humanidad por la Unesco. Antes de comenzar el recorrido a pie, Randy comentó que ahora el terminal ha reducido su actividad al mínimo. Alguien del grupo comentó haber leído una nota en *Granma* un año atrás, reseñando que el bloqueo comercial de Estados Unidos a Cuba evita que lleguen alrededor de mil cruceros por año; casi millón y medio de turistas.

Randy comentó que ciertamente solo se utiliza el 10 por ciento de la capacidad de la isla para recibir cruceros, y que los pocos que llegan son de compañías europeas. El 98 por ciento del tráfico de cruceros en la región del Caribe es controlado por la industria estadounidense, y el 70 por ciento de estas embarcaciones opera teniendo a la Florida como puerto madre. Esa es la razón, dijo, además, hay quien asegura que cada vez que un crucero de Europa llega a la isla, los estadounidenses lo compran, «y como ustedes saben, los cruceros de allá tienen prohibido atracar en la isla».

El calor era implacable, húmedo y pegostoso. Randy nos llevó a un café-restaurant situado a pocos metros del puerto. Preguntó si queríamos almorzar en grupo o si preferíamos hacer el recorrido y que después cada quien fuera por su cuenta. Esta última alternativa fue la escogida por la mayoría. De todas formas, paramos a tomar algo para refrescarnos antes de comenzar el recorrido por el casco histórico.

Mientras la mayoría tomaba su refrigerio, fui con Randy a dos lugares cercanos buscando baterías para mi cámara. De nuevo sin éxito. «¿Cómo no te diste cuenta antes?, me preguntó desconsolado, a lo que respondí: «Ese es el problema de viajar con equipos prestados». En casa solo hay una cámara y mi bella se la había llevado a su viaje a Canadá, así que rompí una de mis reglas y pedí una prestada a una amiga. La fotografía no es mi fuerte; prefiero que otros se hagan cargo. Pero en este caso habría sido tremendo despropósito no tomar unas cuantas gráficas. Así que allí estaba yo, con una cámara prestada cuyo funcionamiento no me era para nada familiar, y sin baterías, en plena visita a uno de los lugares más importantes, el casco histórico de la isla; La Habana Vieja, pues.

Apenas comenzamos a caminar, un par de mujeres que descansaban su humanidad en una acera, reparando en el grupo, empezaron a gritar: «¡shampoo! ¡jabón, jabón, shampoo!

—¿Qué hacen?, ¿venden estas cosas en la calle, así ambulantes? —me comentó una de las turistas argentinas.

—Me temo que no —dije— creo que más bien lo están pidiendo.

—¿Qué decís? —agregó un tanto asombrada

—Eso es lo que creo. Ayer me pasó algo parecido en un paseo que hice.

Mi compañera apuró el paso y yo con ella. Nos acercamos a Randy, él confirmó lo que yo le había respondido. «Pero por favor no se detengan a regalar nada. Quedémonos juntos para poder avanzar y aprovechar el tiempo», dijo.

La chica estaba muy impresionada. Luego de confirmar mi respuesta con Randy, corrió a su grupo y la vi comentar con su esposo. El ánimo de la mayoría de ellos era de chanza; de divertimento, y recibieron aquella anécdota casi con normalidad y prosiguieron el recorrido. Para mí, aquello no dejaba de ser triste y cruel.

Una de las primeras cosas que vimos fue el Hotel Ambos Mundos, ubicado en las esquinas de Obispo y Mercaderes, a unos pasos de la Plaza de Armas y cerca de las otras plazas principales de la Habana Vieja. Frente al hotel, carruajes antiguos ofrecen recorridos por calles empedradas y lugares históricos de interés. El famoso restaurante-bar La Bodeguita del Medio se encuentra a menos de tres cuadras de distancia. No entramos en ninguno de ellos; el tiempo apremiaba y era menester terminar ese paso rasante. En todo caso, fui tomando nota para regresar luego por las mías, con calma.

La Habana Vieja es la zona más antigua de la isla. En su conjunto tiene un trazado urbanístico de unos 5 kilómetros cuadrados de superficie, donde todavía quedan restos de las murallas que durante dos siglos la protegieron con un cerco de piedras y la configuraron como un recinto militar defensivo. Debido a todo tipo de invasiones a lo largo de sus primeros siglos de historia, su aspecto habla de una mezcla de arquitecturas y da testimonio de diferentes épocas: la de la influencia o dominio español; británico, francés y hasta estadounidense.

El grueso de los atractivos turísticos se concentra al norte de la calle Lamparilla. Un recorrido casi obligado puede tomar como eje la calle Obispo —la más importante del conjunto— en cuyas cercanías se encuentran la Plaza de la Catedral, el Castillo de la Real Fuerza, la Plaza de Armas y restaurantes como El Floridita y la Bodeguita del Medio, lugares emblemáticos sin duda. La mejor manera de recorrerla es a pie, aunque otros prefieren un paseo panorámico en esas desvencijadas carretas tiradas por habitantes de la isla que también hacen las veces de guías turísticos.

Hay restaurantes de todo tipo: desde los famosos «paladares» (lugares familiares habilitados en pequeños espacios de casas particulares donde sirven comida criolla) hasta restaurantes gourmet e internacionales. También vimos algunos museos y tiendas de artesanías, pinturas, y sobre todo *souvenirs*. Pero en ese primer recorrido me dio la impresión de que lo que más abundan son los sitios para comer o tomar un trago.

Mientras el grupo tomaba algunas fotos, pude ver claramente una tienda de artículos para la famosa práctica de rezos o ritos de la santería. Entré con mucha curiosidad: había todo tipo de imágenes en forma de muñecos; hierbas y ramas; frasquitos con esencias; incienso; estampitas de todo tipo también; piedras. El pequeño espacio estaba realmente repleto de gente. Quise hacer unas fotos de algunas imágenes, pero una de las dependientas enseguida me aclaró que estaba prohibido.

Randy comenzó a juntar de nuevo el grupo para llegar finalmente hasta la plaza de la Catedral. Imponente sin ninguna duda. Me gustó mucho. A su alrededor, varios bares, museos y tiendas de artesanía, junto a la infaltable música callejera en vivo, dan a ese sitio un atractivo difícil de escamotear.

La catedral, de estilo barroco, es considerada de la corriente toscana, por sus dos torres o campanarios laterales, que por cierto, son de diferente tamaño. Randy explicó que eso sucedió una de las tantas veces que fue movida de lugar hasta asentarse donde está hoy, un espacio insuficiente para albergar dos torres de la misma dimensión. «Tuvieron que achicar una de ellas para que cupiera aquí», dijo.

Es la Catedral de la Arquidiócesis de La Habana, y su emplazamiento anterior estaba situado en donde después se construyó el Palacio de los Capitanes. En su interior hay varias reliquias y sagrarios; también tumbas de personajes ilustres de la ciudad y de Cuba. A su alrededor, hay mansiones que pertenecieron a la nobleza habanera colonial, como el Palacio del Marqués de Arcos, la casa de los condes de Casa Bayona, de 1720, que en la actualidad es el Museo de Arte Colonial y la mansión del Marqués de Aguas Claras.

Según las crónicas, la iglesia era de los jesuitas y se comenzó a edificar en 1748, reemplazando una ermita que ya existía en esta localidad. Aparentemente la intención era que sirviera de templo al monasterio de la misma orden religiosa que se estaba construyendo anexo. Ya en 1755 había sido consagrada la capilla y todo iba según los planes, cuando en 1762 los ingleses tomaron La Habana. Esta iglesia no sufrió ningún daño que no se pudiera reparar, pero la arquidiócesis sí recibió varios golpes serios. Al obispo lo deportaron a la Florida y la iglesia más grande de la ciudad, la de San Francisco de Asís, de proporciones monstruosas, fue confiscada por los ingleses. Tal vez, desde el punto de vista de congregar la multitud, esa iglesia era la indicada para ser la próxima catedral.

Pero la cosa no terminó ahí. En 1767, por orden de la Corona española, los jesuitas fueron expulsados de las Américas y la arquidiócesis adquirió la iglesia y el convento, que tiene una construcción más maciza que muchas otras fortalezas. En 1773 se le designó Parroquia Mayor de La Habana cuando la antigua catedral fue demolida. Finalmente, fue terminada en 1777, aunque las alteraciones y reconstrucciones continuaron como todo edificio en uso requiere, y se la elevó a catedral en 1793. Aunque es cierto que la iglesia es relativamente pequeña para una catedral, tiene un señor castillo por sacristía. Se le llama la Catedral de Colón, ya que supuestamente los restos de Cristóbal Colón, realmente Diego Colón hijo del Almirante, descansaron en la Catedral desde 1796, cuando fueron traídos de Santo Domingo. Allí permanecieron durante el resto de la era colonial española, siendo trasladados a Sevilla cuando España entregó la isla a los Estado Unidos en 1898.

El calor era realmente sofocante, y la humedad que se colaba del malecón proporcionaba una sensación térmica agobiante. El recorrido había terminado y Randy nos dio a elegir entre regresar al hotel en el autobús todos juntos o que cada quien emprendiera el camino de regreso por su cuenta. Todos elegimos quedarnos, no sin antes juntar una jugosa propina que él agradeció y recibió en el momento justo cuando su esposa y su pequeño hijo llegaban a su encuentro. Ellos también compartirían un almuerzo familiar de domingo fuera de casa. Lujos que como él mismo dijo, pocos pueden darse en La Habana.

Salí del casco histórico a la altura de la plaza de La Catedral, crucé la calle con la intención de comer algo en uno de los pequeños chiringuitos de comida típica que había visto sembrados a lo largo del malecón; un lugar pequeño, con tres o cuatro mesas para los visitantes, y cartelón anunciando el menú: arroz con moros (caraotas negras); yuca con mojo, chicharritas (finas lajas de plátano verde fritas) y carne de puerco frita. Pedí dos botellitas de mi infaltable agua gasificada, y un plato de carne de puerco con chicharritas. La verdad me hacía falta una ensalada para matizar aquello, pero en ese lugar no se ofrecía.

La amabilidad de los dependientes era innegable. La vista hacia el malecón era la mejor gratificación después de todo el recorrido a pie por el casco histórico. Tenía mucha curiosidad por probar los famosos platillos cubanos, pero, a decir verdad, la propuesta, sobresaturada de aceite, no me permitió dar cuenta de todo lo servido. Era una comida simple; casera, rica, sí, pero bastante pesada tomando en cuenta el calor, el mar cercano y la humedad.

Decidí caminar bordeando el malecón en dirección a mi hotel hasta donde las fuerzas me lo permitieran bajo aquel sol implacable y luego de semejante comilona; en cualquier caso, siempre podría apelar a uno de los muchos «Coco taxis» que permanentemente hacen el recorrido por el malecón transportando turistas curiosos. Tomé varias fotografías de fachadas de edificios frente al malecón, para ilustrar el contraste: los hay absolutamente abandonados y descuidados; esa es la regla; pero también hay sus excepciones: uno que otro perfectamente pintado y remodelado. «Andaaaaa, mijita! ¿Que´jesto? ¿No dizque todos son iguales aquí? ¿No dizque no hay propiedad privada sino del Estado? ¿Cómo es que unos edificios están cuiditos y otros no? ¡Ay no! ¡Qué hipocresía todo aquí, chica!».

SOBRE MIS PROPIOS PASOS

Amanecí mal del estómago. Mi cuerpo no fue capaz de procesar con normalidad la comida del día anterior. Apenas un sorbo de café en la mañana pude rociar en mi estómago, que pedía a gritos un día libre. Así que me quedé largo rato sentada junto a la ventana, contemplando bien de cerca los kilómetros de historia que día por día imaginaba habían sucedido en aquellos metros de malecón que podía ver al despertar apenas a medio metro de la cama.

Para el momento de mi visita, se estaba desarrollando una suerte de feria popular en los alrededores del histórico Monumento al Maine, aquel buque estadounidense que en 1898 explotara en la bahía de La Habana, un evento que a la postre marcó el fin del dominio colonial español y la independencia de Cuba. Podía verlo claramente desde la ventana. Con motivo del cumpleaños del comandante, varios artistas levantaron allí un momentáneo «Monumento por la Paz» y una feria de comida y música. Buena excusa para distraer a los cubanos de su vida diaria; de ese incesante morderse la cola en el que se ha convertido el círculo vicioso de una vida sin libertades; sin color; sin alicientes para crecer y mejorar; sin oportunidades.

Había una veintena de quioscos o «chiringuitos», la mayoría de comida típica y unos pocos baños portátiles. En el día tenía el aspecto de una feria cualquiera de comida para distraer los vacíos no solo del estómago, sino del tiempo ocioso y la falta de alternativas de los cubanos sin Cuc, que son la mayoría en La Habana. De noche, con un par de discotecas de las más concurridas en los alrededores, aquello se convertía en una suerte de *casting* libertino donde se entremezclaban nativos y turistas unidos unos por la sed de aventura; otros por la necesidad disfrazada de tiempo libre y algunos más por falta de oportunidades para pescar alguna otra actividad.

Aún con un poco de malestar en el estómago decidí volver sobre mis propios pasos al casco histórico para hacer algunas fotos con más calma de la que me permitió el city tour y las pocas baterías de la cámara, que finalmente había comprado en el hotel. Caminé hasta la avenida 23 y allí tomé un taxi hasta la ciudad vieja a la altura del puerto. Tenía muy claro que quería subir hasta Empedrado, la calle del edificio Bacardí y comenzar por allí a hacer algunas de las fotos que me parecieron más emblemáticas, bajando de nuevo hasta el puerto.

Cuando estaba haciendo las tomas de la fachada de aquel edificio Art Decó, una vocecilla femenina me sacó de mi visión fotográfica de aquel pedacito de La Habana, que ha llegado a todas partes embotellado por la destilería de ron más grande del mundo: Bacardí, fundada en 1862, y que la revolución hizo migrar en operaciones a la isla de Bermudas. El ron Bacardí ha llegado a ser el segundo licor más vendido del mundo; mis compañeros de universidad y yo hemos debido contribuir grandemente en esa estadística. En eso pensaba cuando la vocecilla me interrumpió.

—Disculpa, ¿me puedes decir la hora?

—¿Claro! —dije— son las doce y diez minutos.

—¡Gracias! ¡Qué amable! —dijo aquella mujer que habría hecho las delicias de Andrés Eloy Blanco; su rostro era el marco perfecto de un angelito negro: ojos rasgados, pómulos prominentes y una sonrisa franca dibujada en unos dientes con espacio suficiente entre ellos para dejar pasar el aire apurado de su respiración, que daba ritmo a una verborrea incontenible.

—No es nada, dije.

—¿Eres cubana?

—¿Qué crees tú?

—¡Si no eres cubana, pues pareces! —dijo risueña— ¡Qué bella eres, y qué cuerpote te gastas!

—¿En serio? —dije, pensando que, con la cámara en mano, difícilmente podría verme de otra forma que no fuese una turista más. En todo caso me animé a seguir la pícara conversación—. ¿Y tú qué haces? —pregunté.

—Soy maestra —dijo con una gran sonrisa.

—¡Qué bien! Y ¿Dónde das tus clases?

—Aquí en una escuelita de Centro Habana, dijo señalando a nuestra izquierda.

—Pero ahora están de vacaciones, ¿no?

—¡Sí! Quedan pocos días.

—Ven, vamos a tomarnos una foto con ese edificio de fondo. A ver si podemos hacerlo solas. ¿Te parece?

—¡Ay sí, claro que sí! ¡Tú si eres bella! Y de dónde vienes tú?

En ese momento, un hombre que observaba la escena entre curioso y divertido según me pareció su semblante, se ofreció a sacarnos la foto. Lo hizo enseguida y con bastante pericia, para tratarse de una cámara digital de esas que resulta casi imposible ver en alguna vidriera o tienda en La Habana. Mientras el hombre hacía otra toma a petición mía, ambas seguíamos animadas la conversación.

—¿Cómo te llamas? ¿De dónde vienes? —insistió risueña.

—Soy María Elena y tú, ¿cómo te llamas?

—Beverly. ¿De dónde vienes? —preguntó por tercera vez.

—De Caracas, Venezuela.

Para ese momento, el espontáneo fotógrafo me devolvió la cámara al tiempo que dijo: «Eres bienvenida, pero pareces una cubana de verdad, verdad».

—¿De Caracas? ¡Entonces somos hermanas! —dijo Beverly en una enorme exclamación que acompañó con un fuerte abrazo y un discurso aspaviientoso— ¡los venezolanos son nuestros hermanos de verdad! ¡Qué alegría! —dijo apretándome los hombros—. ¿Y estás trabajando o paseando?

—Paseando —dije mientras guardaba la cámara en mi bolso—. Vine a descansar unos días aprovechando mis vacaciones.

—¡Ah! ¡Qué bueno! Porque aquí no se ven muchos venezolanos de turistas; siempre vienen como a trabajar. Oye, pero de verdad que pareces cubana. ¡Qué linda!

—¿Viste? —dije— y hasta sé bailar la rueda de casino.

—¿En serio? ¡No puede ser! Esta noche hay fiesta en un lugar de aquí cerca, y se baila salsa, si a ti te gusta. Ven y te muestro dónde es por si quieres ir.

—¡Claro! Dime dónde. ¿Es muy lejos?

—¡Ven y te llevo! No es nada, no tienes que darme nada; ni dinero ni nada de nada, no te preocupes. Yo te llevo porque me caes bien y eres muy simpática.

«¡Andaaaaaaa! ¡Mosca, periodista, a dónde te llevan; porque la pinta de turista no te la quita nadie! No te vayas a estar creyendo el cuento ese de que pareces cubana y qué sé yo y qué sé cuánto. ¡Abre los ojos es lo que tienes que hacer y busca una referencia por dónde caminas, mijita, no vayas a terminar siendo el adorno de un plato de congrí!».

Beverly no medía más de un metro 62 de estatura. Su cuerpo nada magro apretado por una camiseta naranja y chaquetilla a rayas naranja y blanco, de cotton lycra seguramente, se movía al ritmo acelerado de sus esfuerzos por entablar aquella conversación. Cuando quise acordar, ya habíamos recorrido unas cuadras. Según mis cálculos y el city tour del día anterior, la catedral debía quedarme a la izquierda, bajando.

—¿No tengo que darte nada? —dije— qué bueno, entonces porque quiero, te voy a regalar la última pintura de labios que compré en Caracas antes de salir para acá. ¿Cuántos años tienes Beverly?

—¡Ay, qué belloooo! —dijo deteniendo el paso— ¡esto sí que es lindo! Tengo 33 años ¡Nunca había visto uno así! ¡Me lo quiero poner ya mismo! ¡Anda, pónmelo tú misma para que me quede lindo! ¡Ay, qué belleza!

—¿Quieres ver cómo te queda?

—¡Sí! Pero ¿cómo?

—Aquí tienes. Es un espejo para llevar en la cartera; por un lado, es tamaño natural y por el otro es un espejo con aumento, así lo puedes usar cuando te saques las cejas o te pintes la boca para ver en detalle si te pusiste bien la pintura. Te lo regalo también, si te gusta.

—¡Dios mío! ¡Esto es una maravilla! ¡Ay Dios, qué belleza! ¡Gracias de verdad! ¡Esto es emocionante! —dijo con brillo en los ojos, mientras me mostraba el lugar al que ya habíamos llegado— ¡es aquí! ¿Viste? ¡Hay música en vivo!

No puedo recordar el nombre de aquel bar-restaurant a pocas cuadras bajando desde el edificio Bacardí. Solo sé que hacía esquina; que lucía viejo y desvencijado; que había ventiladores de techo; que un grupo de cuatro hombres de la tercera edad eran los encargados de amenizar y que apenas pusimos un pie allí se me acercaron para venderme su última producción discográfica. La mitad de las mesas —situadas justo frente a los músicos— estaba sin mantel; las del fondo, acondicionadas para comer. Nos sentamos en una de las primeras e invité a Beverly a tomar un mojito, cosa que aceptó rauda y de muy buena gana.

—Y ¿cuántos años tienes tú? —preguntó.

—Tengo 46 acabados de cumplir aquí en la isla.

—¡No puede ser! ¿De verdad? ¿Con ese cuerpote? ¡Ojalá cuando yo tenga esa edad me vea así como tú!

Una chica vestida de pantalón negro, camisa blanca y delantal rojo nos trajo los mojitos. Beverly le dedicó una sonrisa pícara y cómplice que no me pasó desapercibida. Me apuré a sacar mi cajetilla de cigarrillos y pedirle un cenicero. Beverly hizo lo mismo. Buscó entre sus apretados shorts y sacó una maltrecha cajetilla de H. Upmann.

—¿Quieres probar de mis cigarrillos? Son cubanos.

—No, muchas gracias. Ya los conozco. Mi exesposo fumaba de esos.

—¿Es cubano? —preguntó con sorpresa

—No, para nada. Pero le gustan así fuertes como ese H. Upmann y también unos franceses que se llaman Gitane que son sin filtro.

—Tienes 46 y eres divorciada, en cambio yo tengo 33 y ya soy viuda.

—¿Qué pasó? ¿Tienes hijos?

—Tengo dos hijos; uno de 13 y otro de cuatro años. Yo me casé a los 15 con un hombre que me llevaba 18 años. A mí siempre me han gustado los hombres mayores —dijo aspirando su H Upmann— pero no me creerías si te cuento que tengo dos años y cinco meses que nada de nada.

—¿Nada de sexo, dices tú?

—¡Ajá! —dijo en una exhalación.

—¿Y eso?

—¡Es que los hombres aquí, ¡qué va! No te voy a decir que no me gusta el sexo, no. ¡Me encanta! Pero es que los hombres, mira, solo quieren eso; sexo, y después se van. Y lo peor de todo es que no les gusta usar condón, y a mí me preocupa mucho eso porque por aquí hay mucha enfermedad. Entonces ¿cómo hago?, porque yo tengo dos hijos que cuidar.

—Te entiendo —dije— pero sí se consiguen los condones, ¿o no?

—¡Ay sí! Aquí no se consiguen muchas cosas, pero eso sí. Lo que pasa es que como te digo, a los hombres no les gusta usarlos. Además, son malísimos; se rompen enseguida —dijo soltando una carcajada.

—Y ¿Cómo murió tu esposo?

—Él tenía una moto y la usaba para transportar cosas. De esas viejas, tú sabes, con un espacio al lado para carga. Tuvo un accidente, y el Estado no me ayudó en nada cuando él murió. Se quedó con la moto y ni un peso me dio.

—Pero se supone que el Gobierno vela por que todos estén bien. Tengan trabajo, comida y no les falte nada. Para eso es la revolución ¿no?

—Eso es mentira. A mí no me dieron nada, y me dejaron sola con un niño pequeño. Aquí pasamos mucho trabajo. El sueldo no alcanza para nada. Y lo que te da el Estado tampoco. Menos mal que tengo a mi hermano que me ayuda y me apoya. Por cierto, déjame ir un momento a avisarle que estoy aquí, no se vaya a preocupar.

—Ve tranquila, pero en unos minutos ya debo irme.

—No demoro nada, espérame.

Beverly salió literalmente dando saltos y en apenas segundos se perdió Habana adentro. Mientras, aproveché para pagar los tragos de una vez, y preguntarle a la chica que nos atendía hacia dónde me quedaba la catedral. «Saliendo de aquí, tres cuadras a la izquierda y luego baje hasta que la consiga frente por frente». Los músicos no paraban de tocar son cubano, y el director no paraba de mirar y sonreírme. Apenas una de las mesas, además de la nuestra, estaba ocupada en aquel momento. Se trataba sin duda de un lugar corriente, sin mucho atractivo para el turismo más exigente, que de seguro no despreciaría los esfuerzos de alguien creativo y locuaz como Beverly, que prometiera visitantes a cambio de unos cuantos pesos.

Regresó en el momento en que uno de los músicos se acercaba con una pequeña cesta para la propina, y de nuevo insistió en que comprara el disco; incluso ofreció autografiarlo, señalándome al director de la banda, que en ese momento me miraba haciendo una pequeña reverencia con su cabeza, sin dejar de tocar el piano.

—¡Debe ser buenísimo!, ¡cómpratelo! ¿No ves qué maravilla su música? —dijo en un nuevo esfuerzo de persuasión.

—Más tarde, muchas gracias —dije colocando unas monedas en la cesta—. Toma tu mojito que ese hielo se derrite rápido.

—¡Ay sí! Es que no me vas a creer si te digo que hace muuuu-chos años que no tomo uno de estos. Mira, tú vas a pagar por es-tos dos tragos casi lo mismo que gano yo en un mes de trabajo. Porque mira, aquí tenemos dos monedas, no sé si ya sabes. Yo gano en un mes el equivalente en pesos a 10 Cuc. Tú vas a pagar alrededor de 8,80 Cuc. ¿Cómo voy a tomar esto yo?

—Entonces, disfrútalo.

Un hombre trigueño que acababa de entrar al lugar se dirigía directamente hacia nuestra mesa. «Llegó mi hermano —estalló de nuevo Beverly—. Ven hermano a conocer a mi amiga de Vene-zuela». ¡Andaaaaaa! ¡Bien bueno, periodista. ¡Pilas! No te vayan a tender una emboscada, mijita. Uno nunca sabe.

La verdad, lucía cuesta arriba deducir a simple vista que aque-llos dos seres fueran hermanos. Él, José, era de piel bastante más clara que Beverly. Tenía un ojo nublado como si sufriera de ca-tarata y algo estrábico también. Todo aquello matizado con una sonrisa paradójicamente angelical y conmovedora.

—Esto es lo más bello que yo tengo. Te lo digo de verdad —dijo Beverly poniéndose la mano en el pecho—. Mi hermano que me cuida, porque yo soy la única hembra. ¿Viste a mi amiga, José? ¿Verdad que parece cubana?

—¿Y no es? —preguntó él mientras tomaba asiento.

—¡No! ¡Es venezolana! Por cierto, ¿qué haces tú allá en Venezuela?

—Manejo un pequeño salón de belleza cerca de mi casa —mentí, no fuera que mis amigos ganaran alguna indulgencia comentándole a algún guardia de seguridad que por allí anda-ba una periodista dizque haciendo fotos sola, en la Habana Vieja.

—¿Y tienes carro? –preguntó José.

—Sí. Lo compré hace dos años.

—¿Viste? —dijo Beverly— ¿Y allá todos pueden tener carro?

—Bueno. No todos. Pero si trabajas mucho y ahorras hasta pue-des pedir un crédito.

—O sea, el que trabaja y le pone empeño puede tener sus cosas.

—Algo así —dije para no entrar en los absurdos detalles de la devaluación; el cierre de las plantas ensambladoras de vehículos y la merma en barrena del mercado automotriz gracias a las políticas económicas revolucionarias de mi país, que de seguro no era lo que Beverly necesitaba saber.

—¿Y hay trabajo? —preguntó José.

—Bueno, ahora las cifras de desempleo han aumentado mucho porque hay crisis económica. Pero siempre hay oportunidades. El que busca con ganas, seguramente encuentra.

—¿Te acuerdas, José, cuando mi abuelo se fue a vivir para allá, para Caracas? Eso fue como en 1964.

—Y ¿nunca te invitó a ir allá?

—¡Qué va! Yo no había nacido y ni lo conocí, porque después se fue para Miami y perdió el contacto con la familia.

—¡Aquí uno no puede ni salir de La Habana tranquilo! —se quejó José.

—¿Cómo es eso? —dije

—Es que aquí hasta para tumbar una siguaraya hay que pedir permiso —respondió Beverly—. ¿Te sabes la canción de Oscar D'León que habla de la Siguaraya? ¿Él es de tu país, no?

—¡Sí!, pero primero la cantó Beny Moré, creo.

Enseguida los tres comenzamos a cantar. «En mi Cuba nace una maaata, que sin permiso no se pu'e tumbaeeeeeeeeeehh… siguaraaaya». Reímos mucho; pero con esa sensación que queda después de esos finales aplastantes de las obras de teatro del dramaturgo José Ignacio Cabrujas: reír para no llorar prácticamente, ante una situación de un dramatismo pasmoso. Al recobrarnos del pequeño dislate continuamos la conversación.

—¿Cómo es eso de que no pueden ni salir de la ciudad?

—Para todo hay que pedir permiso —siguió Beverly—. Si a mí me pescan por ejemplo en Pinar del Río o en Camagüey, lo primero es que me piden el permiso y el carnet de identidad. Si no tengo el permiso oficial para salir de La Habana, me devuelven enseguida y hasta me pueden poner una multa altísima; y yo gano poquito, ya te dije.

—¿Y no hay nada que puedas hacer por tu cuenta para ganar algo más de dinero?

—Sí. Pero es ilegal. Yo, por ejemplo, llevo turistas, gente pues, a unas cooperativas de tabaco que están detrás de la fábrica Cohíba, tú sabes. Bueno, allí son más baratos. Así me ayudo.

—¿Cuánto te pagan por eso?

—¿Plata? —interrumpió rápidamente José— nada de eso. Un poco de arroz y de frijol es lo que le dan a uno. ¿Plata? Imposible. Aquí todo lo que hay es del Estado.

—Mira —continuó Beverly—, tú vas por ahí y ves una tienda, así bien linda donde te parece que venden de todo. Entonces dices, ahhh esta sí que debe ser privada, porque las del Estado son feas y hay poca cosa. ¡Pues no! Esa también es del Estado. Todo es para que crean. Todo, todo, todo aquí es del Estado.

—Este lugar donde estamos, por ejemplo, ¿también?

—¡Todo! —dijeron los dos al unísono.

—Dime algo —terció José— allá en tu país, ¿uno podría poner un local de comida cubana, por ejemplo?

—Podrías, sí. Tienes que tener un capital, conseguir el lugar, un socio probablemente. Pero sí se puede. Aunque ahora, el gobierno nuestro está acorralando incluso a los pequeños empresarios y pretende que todo sea como aquí, propiedad del Estado.

—Pero ¿tienes que pedirle permiso al gobierno para eso?

—Hay que sacar algunos permisos en la municipalidad; pasar una inspección sanitaria; cosas así; pero todavía no llegamos al extremo de tener que pedirle permiso al gobierno para trabajar y ganar el dinero decente y legalmente.

—Y lo que te ganes, ¿es tuyo o es del Estado?

—Lo que ganes con tu trabajo es tuyo. Pagas impuestos como cualquier ciudadano; pero tus ganancias son tuyas. Es tu trabajo, producto de tu esfuerzo. Así es como debe ser.

—¿Te das cuenta, José? ¿Quién pudiera irse para allá? O para Curazao o Aruba.

—Pero si alguien te invita desde el exterior, si puedes salir, ¿no? —dije.

—Eso si te da permiso el gobierno. Pero a nosotros ¿quién nos va a invitar si no tenemos a nadie? —se lamentaba Beverly.

—Para eso tiene que haber alguien de afuera que pida al gobierno que nos deje ir a visitarle. Solo pedir eso —narraba José— le cuesta a esa persona 200 dólares que debe entregar en la embajada de Cuba. Y si no le dan a uno el permiso, que es lo normal, el Gobierno se queda con esos 200 dólares. Y tu familiar o amigo los pierde.

—Pero yo tengo entendido que los permisos para Venezuela y Brasil sí los están dando con más facilidad —acotó Beverly.

—¡Qué difícil todo!

—¿Y qué podemos hacer? Uno tiene niños pequeños —se lamentaba José— y nada de familia o amigos afuera. Salir ilegalmente es un riesgo de muerte. No te voy a decir que no lo hemos pensado, pero da miedo. Estamos como presos, porque ni siquiera podemos ahorrar y tener dinero para ver cómo lo haríamos.

—Yo sí espero que esos anuncios que se han hecho se cumplan. Eso de que permitirán alguna actividad privada y nos dejarán trabajar en más cosas; por nuestra cuenta, para ganar nuestro dinero legalmente —dijo Beverly—. Estamos esperando que el gobierno se abra un poco. Eso tiene que pasar.

Beverly hablaba con esperanza; hasta con ilusión, podría decir; en cambio el rostro de José mostraba algo de escepticismo y resignación al mismo tiempo. En ese momento sentí que era hora de partir. La conversación, para ellos, habría sido la confirmación de que sí hay un mundo distinto; de oportunidades; para mí, la ratificación de un abuso de poder infinito y miserable; vejatorio y criminal desde todo punto de vista. ¿Con qué derecho se apodera un solo hombre de las vidas de millones de personas? Y peor aún,

¿cómo ha podido lograr hasta el quiebre de la voluntad del ser humano por preservar su esencia libre? ¿Cómo se acostumbra uno a entregar su libre albedrío? «¡Andaaaaaa! Muy fácil, mi'jita. ¿O acaso no recuerdas las veces que tú misma has ido a tres o cuatro supermercados buscando leche este mismo año? ¿O te olvidaste de que hace meses hubo escasez de pañales y toallas sanitarias en Caracas y todo el mundo se aguantó su calvario? ¿Cuál es la diferencia periodista? ¿No tuviste que recorrer más de 200 kilómetros y viajar a otra ciudad para que te sacaran el pasaporte porque al gobierno le provocó? ¿No tienes que pedir permiso para comprar dólares cuando viajas? ¿No te tienes que aguantar que el gobierno decida cuántos dólares puedes gastar y cuántos no? Dime, porque yo lo veo bien clarito, periodista. Lo nuestro allá en Venezuela es libertad, cómo no, pero condicional, periodista. Que te quede claro».

—Debo irme ya —dije—. Tengo que estar a la una en la Catedral —mentí.

—¡No puede ser! Si la estamos pasando tan bien. ¿Cuándo te vas de Cuba? —inquirió Beverly—. Me gustaría invitarte a mi casa a comer comida cubana, ¿quieres?

—Me encantaría, pero me voy mañana —volví a mentir.

—Bueno, pero si esta noche te animas y no estás haciendo nada, ven y nos buscas. Estaremos aquí en este mismo lugar —insistió Beverly.

—¡Gracias de verdad! Ha sido un gusto conocerlos a los dos.

Ambos me abrazaron con mucho cariño. Ella con su sonrisa pícara y sus ojos vivaces. Él un poco menos expresivo, pero igual de amable. Había pasado más de una hora en aquel lugar compartiendo con esos dos seres, que deben ser el contenido de un paréntesis que se eleva a la ene potencia en La Habana y se divide entre sí mismo en una fórmula que no sé cómo, en algún momento, llega a dar cero.

Salí de allí un poco aturdida, pero sin lugar a dudas muy triste al entrar en contacto con la picardía de Beverly por sacarle un ápice de ventaja a su propia realidad y el desánimo de José. Allá estarán ahora, en este momento, sentados quizá con otra turista que tal vez parece cubana también, pero que de pronto hace la diferencia entre llevar a la casa algo más de los 12 pesos diarios que reciben del gobierno. Allá estarán, malviviendo La Habana; gastando sus zapatos en las mismas calles, por los mismos rincones una y otra y otra vez. Sacando a pasear sus anhelos e ilusiones, pero solo por un rato y con cautela, no vaya a ser que por eso también los multen.

A medida que me aproximaba a la catedral, disminuí el paso y mis piernas me llevaron por decisión propia al interior de la iglesia. Entré allí y recé por unos cuantos minutos. Me encomendé a la virgencita de la Caridad, y para ser absolutamente honesta, le pedí con todas las fuerzas de mi ser, que no permitiese que en Venezuela remontáramos el poco camino que aún nos separa del mundillo de Beverly y José.

Compré unas cuantas estampitas, y salí decidida a largarme al hotel. Pero al bajar los breves escalones de la entrada, una mujer sentada a mi mano derecha saliendo de la Catedral, me atrapó aún a la distancia. Era sin duda una santera. ¿Pero allí? ¿A las puertas de la Catedral? En apenas segundos me encontré frente a ella. En ese momento llegaba otra persona, pero ella la apartó sutilmente y mirándome muy fijamente me dijo: «Siéntate».

Su piel lucía más negra que la noche en pleno mediodía. Llevaba blusa y falda blanca, muy amplia. Estaba sentada en un banco junto a un café de los alrededores. La parte de atrás de su falda pendía de la pared sujeta por unos clavos que la sostenían gracias a unas pequeñas lazadas hechas sin duda para ese fin. Pañoleta blanca en la cabeza y una flor roja, al igual que la banda que rodeaba su cintura y un pequeño trapo que sostenía en su mano derecha. También manoseaba un tabaco remendado en el extremo por un pedazo de cinta adhesiva color arena. Así mismo se lo llevaba a la boca, donde ocupaba cómodamente el espacio de unos dientes que debió mudar pero que no volvieron nunca más.

En una pequeña mesa que tenía frente a sí, había una copa con agua y un grupo de barajas de palo español. Me indicó que me sentara en una sillita también vestida de blanco con una banda roja en el espaldar. De una vez comenzó a barajar sus cartas, sin siquiera preguntarme si estaba yo interesada en que echara un vistazo a mi fortuna.

—¿Desde cuándo eres santera? —pregunté.

—Soy santera, palera y vidente —me dijo— y lo he sido toda mi vida. Baraja las cartas ahora y elige 20 al azar.

Mientras lo hacía, ella comenzó a hacer invocaciones, para terminar, pidiendo autorización a la poderosa virgencita de la Caridad del Cobre que teníamos en frente. Invocó a sus maestros, al tiempo que me sacudía el trapo rojo por los hombros, dejando en el movimiento una estela de olor a esencias y azahar. Cuando terminó de hacer las invocaciones me dijo:

—Esto es para tu bien; para tu suerte, para tu estabilidad emocional y física; para tu fortuna y tu futuro.

En ese momento una chica le acercó una bolsa llena de uvas, que ella guareció en algún espacio del banco, debajo de su amplia falda. Enseguida prosiguió.

—Tú eres espiritual como yo. Ves cosas. Sueñas cosas, pero se te olvida, o prefieres olvidarlas. Si quisieras podrías cultivar eso. Ponte una pulserita en el tobillo izquierdo para que te ligues más a la tierra, y girasoles y azucenas en tu casa para que te protejas. Nunca uses pañoletas negras y coloca un vaso de agua al lado de tu cama para la protección.

Una a una fue descubriendo las cartas. Me miraba fijamente y sacaba y volvía a colocar el tabaco, apagado por cierto, dentro de su boca.

—Tienes un proyecto que se da con triunfo. Con bendiciones, además, porque sale el as de copas que lo reafirma. Debes tener precaución siempre. Nunca abrir la puerta sin preguntar quién es. No lo olvides. El amor llega con éxito. —en ese momento deja de ver las cartas y me mira fijamente—. Pero debes olvidar el pasado. Sí llega el amor, con triunfo también. Confía en tu instinto.

Creo que pasé alrededor de 15 minutos sentada ante aquella imponente mujer. No puedo recordar más detalles de lo que me dijo; tampoco recuerdo cuánto le pagué, por más que he hecho el esfuerzo. Hay cosas que mi memoria selectiva borró, sin duda.

Para ese momento, un grupo de tres turistas esperaban su turno para consultarse. No me dio chance de más nada. Pagué y me levanté con unas enormes ganas de llegar a mi habitación y darme un baño. El calor era implacable. Crucé la calle a la misma altura que lo había hecho el día anterior. Tomé otro Coco-taxi y desanduve el camino al hotel. Esta vez me llevó una choferesa, que en una exhalación resignada me dijo: «hoy está como para meterse en una piscina y no salir». Le tomé la palabra y no bien llegué, me cambié y me zambullí en la piscina para luego despachar dos mojitos como si fueran limonada.

LOS ORISHAS

En Venezuela y en buena parte de nuestros países, es bastante común observar en la muñeca de cualquier persona, hombre o mujer, una pulserita de cuentas de plástico en forma circular, de alternados colores verde y amarillo. Es uno de los símbolos del santero. En líneas generales, pese a la fuerte presencia de catolicismo heredado de los conquistadores, nuestros territorios en América Latina han sido también tierra abonada para el sincretismo religioso entre las creencias africanas (Yoruba) y los elementos del catolicismo.

Antes de viajar, estudié un poco los orígenes de la santería cubana, de la que tanto se habla e incluso se practica en Venezuela, porque con la llegada de la revolución y del mal llamado Socialismo del siglo XXI, junto a la promesa aquella de convertir al país en el mar de la felicidad que es Cuba, embarcó también una suerte de embrujo del cual todos hablan; *sotto voce*, pero hablan. Mucho es lo que se especula acerca de la práctica de ritos de la santería cubana incluso en dependencias oficiales, sin que nadie haya podido aportar una prueba contundente de que eso ocurra realmente. Pero es algo que está allí, y no es un secreto para nadie.

Mientras escribo estas crónicas, aún está fresco el enorme impacto que produjo la exhumación de los restos del Libertador Simón Bolívar, so pretexto de echar a andar una tesis según la cual no habría muerto de tuberculosis, tal y como nos sembró la historia durante más de un siglo, sino producto de un asesinato por parte de sus enemigos. Un gasto como ese, siglos después, y en medio de una sociedad que debe asumir más de doscientos muertos en un fin de semana producto de la violencia y de la ineficacia del gobierno, despertó no pocas suspicacias, relacionadas muchas de ellas precisamente con la influencia de la santería cubana.

Al investigar, tropecé con la figura de monseñor Eduardo Boza Masvidal, de quien, a decir verdad, debo confesar no conocía nada. Doctor en Filosofía y Letras; en su momento, obispo auxiliar de la Arquidiócesis de La Habana. Fue nombrado rector de la Universidad Católica de Santo Tomás de Villanueva en La Habana, convirtiéndose en el primer cubano en ocupar ese cargo, hasta su cierre definitivo el 2 de mayo de 1961. Fue expulsado de la isla con el advenimiento de la Revolución, acusado de actividades contrarrevolucionarias y vino a dar a Caracas, donde fue párroco de la Misión Católica Cubana o Parroquia Personal Cubana bajo la advocación de la Virgen de la Caridad del Cobre, creada por el entonces cardenal José Humberto Quintero, XII arzobispo de Caracas. Luego fue trasladado como vicario general a la diócesis de Los Teques, estado Miranda, donde llegó a ser administrador apostólico. Allí, en los Altos Mirandinos venezolanos, monseñor Boza celebró sus 50 años de vida sacerdotal y su jubileo.

En una carta pastoral escrita hace años, donde insta al mantenimiento de la pureza en la fe cristiana, monseñor Boza explica el origen de la Santería en Cuba: *«Poco después del Descubrimiento, junto con los conquistadores, vinieron los misioneros que hicieron una profunda labor evangelizadora y sembraron en nuestro pueblo la semilla de la fe cristiana. Pero cuando se cometió aquella tremenda injusticia de traer negros de África como esclavos, arrancados inhumanamente de su patria y de su familia, aquellos hombres no pudieron ser debidamente evangelizados. Ni los sacerdotes sabían sus lenguas africanas ni ellos entendían el español. Se les hacía ir a la iglesia y practicar la religión católica, pero sin que hubiera habido una verdadera conversión. Por dentro ellos seguían pensando en sus dioses paganos, y cuando veían en los templos católicos las imágenes de los santos cristianos, sin ninguna mala intención de su parte, los identificaban con alguno de sus dioses, con los que les encontraban algún parecido o algún punto de contacto. Así nació y fue creciendo esa mezcla y confusión religiosa que después se extendió aun a personas de otro origen y raza».*

Por otro lado, di con los escritos de un controversial sacerdote llamado Jordi Rivero, creador del *site* Corazones.org, y durante cinco años, capellán en la Ermita de la Virgen de la Caridad en Miami. Es uno de los más activos sacerdotes en el ciberespacio y permanentemente está colgando estudios y análisis de temas que no son precisamente los preferidos de la religión católica, pero que él aborda sin ambages. Por eso también es frecuente su presencia en los medios de comunicación hispanos de Estados Unidos.

Uno de esos estudios que encontré, tiene que ver con la santería. Según el padre Jordi, se trata de una religión que tiene sus orígenes en la tribu Yoruba del África. *«Los Yorubas vivían en lo que se conoce hoy como Nigeria. En un tiempo tuvieron una poderosa y compleja estructura organizada en una serie de reinos, de los cuales el más importante era Benín. Este duró por 12 siglos hasta el 1896. A finales del siglo XVIII y principios del XIX, los yorubas pelearon una serie de guerras con sus vecinos y también entre ellos. Estas peleas internas y los ataques externos llevaron a la caída y esclavización del pueblo yoruba. Entre 1820 y 1840, la mayoría de los esclavos enviados desde Benín eran yorubas. Estos esclavos fueron llevados a Cuba y al Brasil a trabajar en las plantaciones de azúcar. Los yorubas pronto fueron llamados los 'Lucumí', debido a su saludo oluku mí, "mi amigo"».*

Según Jordi, las leyes españolas, al mismo tiempo que permitían la esclavitud, trataban de atenuar esa injusticia concediendo a los esclavos algunos derechos, al menos en teoría: propiedad privada, matrimonio y seguridad personal. También las leyes exigían que los esclavos fueran bautizados católicos como condición para su entrada legal a Las Indias. *«La Iglesia trató de evangelizar a los negros lucumí pero las condiciones eran muy difíciles. Además de la escasez de sacerdotes, la injusticia de la esclavitud dificultaba que los lucumí comprendieran y aceptaran lo que se les enseñaba acerca de Dios. Las buenas almas que buscaban ayudarles y evangelizar eran de la misma raza que aquellos otros que les oprimían. El resultado fue que muchos aceptaron exteriormente las enseñanzas católicas mientras interiormente mantenían su antigua religión. En sus esfuerzos por esconder su religión africana y sus prácticas mágicas, los lucumís identificaron a sus deidades africanas (orishas) con los santos del catolicismo, dando como resultado un sincretismo religioso conocido hoy como la Santería, que adora una fuerza central y creativa llamada Olodumare. De él procede todo lo que existe, y todo regresa a él. Es una corriente divina que encuentra muchos canales de mayor o menor receptividad. Ashe es la base absoluta de la realidad. Creen los santeros que la vida de cada persona viene ya determinada antes del nacimiento en Ile-Olofi, la casa de Dios en el cielo. Aquellos que no lo cumplen serán castigados por los orishas y deben reencarnar hasta satisfacer el castigo».*

Un practicante de la Regla de Ocha (como se llama la religión en Cuba) no venera a Santa Bárbara, la Virgen de Las Mercedes o la de la Caridad del Cobre, sino que le rinde tributo a *Shangó*, *Obatalá* y *Oshún*, porque esos son sus orishas. Según la santería, la vida de cada persona está supervisada por un santo (orisha) que toma parte activa en su vida diaria.

El estudio del padre Jordi incluye una tabla de conversión que de pronto me pareció interesante incluir. Pero no pude resistir la tentación de transcribir también parte de una canción de Adalberto Álvarez titulada «Que tú quieres que te den», en una versión donde tiene como intérprete invitada a la fulgurante Zenaida Armenteros, y que es precisamente un homenaje a esa conversión de santos en orishas; es un tributo musical a los orígenes de todo cubano, una suerte de charanga habanera que pone a bailar al más tieso de los mortales, aun aquellos que tienen el oído musical tapiado por un zapallo. Parte de la letra dice así:

QUÉ TÚ QUIERES QUE TE DEN (ADALBERTO ÁLVAREZ)

Desde el África vinieron
y entre nosotros quedaron
todos aquellos guerreros
que a mi cultura pasaron...

Obatalá, Las Mercedes,
Oshún es la Caridad,
Santa Bárbara Changó
y de Regla es Yemayá...

Va a empezar la ceremonia
vamos a hacer caridad
la casa está repleta y ya no caben más,
y todos se preguntan qué dirá Elegguá:
él abre los caminos, esa es la verdad,
vamos a darle coco a ver qué nos da.

La gente sale, la gente viene
y todos piden lo que les conviene
Voy a pedir lo bueno para mi mamá
y para mi familia la tranquilidad,
que todo el mundo en esta tierra
se porte bien y se acabe la guerra.
Hay gente que te dice que no creen en na'
y van a consultarse por la madruga
no tengas pena, pide pa' ti,
no pidas cosas malas que te vas a arrepentir

Coro:

¿Y qué tú quieres que te den?

Dime qué es lo que tú quieres que te den,

pídele a Changó para que te sientas bien,

desde el África vinieron y entre nosotros

quedaron,

por eso pídele a tu santo, pídele a tu

santo otra vez

(…)

Paz y tranquilidad le pido a Obatalá

Señora Omito Nardé mi canto va para usted

Yanza Jecuagey, Yanza Jecuagey

(…)

Y el que tenga algo rojo

Que lo saquen

repito Yo

El que tenga algo rojo

Que lo saquen

anda!

Y el que tenga algo blanco

Que lo saquen

Y el que tenga un collar de changó

Que lo saquen

Y el que tenga la mano de Orunla

Que la saquen

Y el que tenga cascarilla

que la saquen

El que se meta conmigo se mete con changó

Si tú te mete con migo te mete con changó

Yo soy el dueño del tambor

(…)

Y qué tu quieres mami?

Paz y tranquilidad le pido a Obatalá

Señora Omito nardé mi canto va para usted
Yanza Jecuagey, Yanza Jecuagey
Ibború Ibboya, Ibbo Ibbocheché

TABLA DE ORISHAS CON SU RESPECTIVO SANTO CATÓLICO

Fuente: Padre Jordi Rivero

Orisha (dioses)	Santo	Principio que se le atribuye
Agayu	San Cristóbal	Paternidad
Babaluaye	San Lázaro	Enfermedad
Eleggua	San Antonio de Padua	Abridor de caminos
Ibeji	San Cosme y San Damián	Niños
Inle	San Rafael	Medicina
Obatalá	Nuestra Señora de las Mercedes	Claridad
Ogún	San Pedro	Hierro
Olokún	Nuestra Señora de la Regla	Profundidad
Orula	San Francisco	Sabiduría, destino
Osanyín	San José	Hierbas
Oshosi	San Norberto	Caza y protección
Oshún	Nuestra Señora de la Caridad	Eros
Oya	Nuestra Señora de la Candelaria	Muerte
Shangó	Santa Bárbara	Fuerza
Yemayá	Nuestra Señora de Regla	Maternidad

¿Por qué alguien que no ha nacido con la influencia de la santería en su círculo más inmediato o en su propio país, podría acercarse a ella? Según el padre Jordi, que en Miami se dedicó por años a la evangelización de cubanos inmigrantes, muchos lo hacen buscando resolver un problema. Por ejemplo, una enfermedad, la infidelidad de un esposo, problemas económicos, etc. *«Se les ha dicho que el santero tiene contactos especiales con el más allá y poco se preocupan si ese contacto es con Dios o con el* demonio, con tal de que les dé resultado. En algunos casos, la persona ha tratado de resolver el problema recurriendo a Jesús y a su Iglesia pero no les ha 'funcionado'. He escuchado muchos testimonios en que dicen haberlo probado todo antes de entrar en la Santería. No dudo que eventualmente sientan una experiencia de Dios, pero en la santería no encontrarán la revelación de Dios que nos ha dado todo Su amor en Su Hijo Jesucristo. Una vez iniciado a la santería, se le dice que debe seguir para obtener mejores resultados. El santero va tomando control de la persona hasta que el miedo la gobierna. Se le dice que, si se separa, algo muy malo va sucederle. El Santero se va convirtiendo en un personaje indispensable que domina toda la vida y del cual no hay salida».

Esa mañana salí decidida a buscar algún contacto con esas creencias tan arraigadas en el pueblo cubano, y que lo describen casi tanto como la palma, el ron o el tabaco. Me acerqué a una parada de «coco-taxis» a la que decidí recurrir esta vez para ahorrar un poco de dinero. Los choferes que hacían guardia en ese momento estaban todos retirados al amparo de la sombra de un árbol, buscando guarecerse en la medida de lo posible del sol picante y generoso.

Había varios «modelos» de coco-taxis; unos un tanto más amplios que otros, pero todos guardando la misma receta: motos a las cuales se les anexa una estructura de fibra de vidrio fabricada allí mismo en la isla en forma de círculo. Me acerqué a uno de ellos y enseguida uno de los choferes se separó del grupo y en dos zancadas se acercó jovial y me ofreció sus servicios. «¡Buenos días! ¿A dónde la llevo?». ¡Andaaaaaaaaa! ¡Sustooooo! ¡Tenías que escoger este taxi, mijita! ¡Socorrooo! ¡Ay no! ¡A mí este hombre me da miedo, mijita, no! ¡Echa pá tras! ¡Inventa algo! ¡Auxilioooo!

—Buenos días. Quiero conocer el río Almendares. ¿Me puede llevar?

—Claro que puedo. ¡Súbase y se coloca por favor del lado derecho de su asiento para que hagamos contrapeso —dijo entre risas—. Usted y yo somos bien grandotes!

Detrás del chofer del coco-taxi, que maneja usando lo que debe haber sido el manubrio original de aquella moto, colocan el asiento de lo que alguna vez fueron sillas de fibra de vidrio y colores chillones. Caben solo tres personas. Wladimir, el chofer, era un negro de aproximadamente metro noventa de estatura con muy buen estado físico. Cabello corto, gorra y lentes de sol bien oscuros. De entrada, muy alegre y conversador.

—¿No prefiere más bien que le haga un tour de dos horas por la ciudad?

—No, gracias. Ya hice uno.

—¿De verdad? A ver —preguntó—, ¿la llevaron a conocer el monumento a José Miguel Gómez?

—No.

—¿Y el callejón de Hamel?

—No.

—¿Y la casa del Che Guevara?

—No.

—¿Se da cuenta? Yo puedo llevarla a esos sitios que son muy interesantes. Y al río Almendares, por supuesto, por solo 20 CUC.

—¿Cómo te llamas?

—Wladimir, y estoy a sus órdenes. Decídase porque se va a divertir; además, esos son lugares que no puede dejar de conocer aquí en La Habana. ¿La llevaron a la Fortaleza del Morro?

—Sí. Allá sí me llevaron.

—Bueno, entonces se la cambio por el monumento a John Lennon. ¿Qué me dice?

—¡Que está muy caro Wladimir! 15 y me llevas. Quiero ir a esos sitios, sin duda.

—Si estuviera en mis manos aceptaría. Pero nosotros debemos rendir cuenta exacta de cada recorrido. Tengo que cobrarle lo que es, 20 CUC.

—Está bien. Vamos de una vez.

En seguida arrancamos rumbo al callejón de Hamel como primera parada. El río Almendares o Casiguagua como le llamaban los aborígenes o la Chorrera, como después lo bautizaron los españoles, quedaría para el final, según la ruta que había diseñado Wladimir. Había escuchado decir a algunos santeros, que ese río es de especial significación para todos sus ritos.

El callejón de Hamel en La Habana es un centro de adoración de la santería desarrollado por el artista Salvador González, quien ha transformado la calle en una celebración vibrante de esa religión, mediante sus pinturas de los símbolos e imágenes representativas de prácticas y creencias. Está al norte de la ciudad, en una barriada popular llamada Cayo Hueso, y es un lugar verdaderamente exótico desde el mural de su entrada, que muestra muy bien sus intenciones expresivas del legado de África a Cuba. Antes de entrar, Wladimir me advirtió que no diera ni un solo peso, y menos un Cuc a nadie. «Ni que le rueguen», me dijo, porque después no se los sacará de encima.

Apenas trasponer la entrada, hay una suerte de tienda botánica repleta de hierbas para vender, pues según la leyenda africana, el monte y sus plantas son portadores de espíritus benefactores, aunque también se refugian en ellas los espíritus que vagan por su maldad. Todo depende del uso que se les dé. La vieja callecita se extiende no menos de doscientos metros a lo largo de los cuales destaca la obra muralista de Salvador González; no obstante, también cubren el espacio algunas figuras y homenajes a los dioses u orishas, hechas de cualquier material, incluso piezas de baño.

Wladimir me fue explicando el nombre de las que más me llamaron la atención: El Trono de Eleguá; el mural de Oshun el monumento a la igualdad y la hermandad y la nave de Yemayá. También noté dibujos y figuras de gigantescas aves en vuelo y otras inermes respaldadas por explicativas y sentenciosas inscripciones que alertan sobre la vida, el peligro y la muerte, como elementos complementarios para la comprensión integral de la obra.

Todo está esculpido y pintado en una apabullante policromía donde sin embargo resalta el color rojo como tomando el mando en tributo a Changó (Rey de Oyo), dios de la guerra, del rayo y del trueno en la religión yoruba.

En una miniatura de cuarto a la entrada del callejón, el artista ha abierto una galería de exhibición y venta de su obra personal. En la pared de la entrada se lee: «Estudio Taller, Arte para la Comunidad», y lleva por nombre Merceditas Valdés, una célebre artista cubana. Al entrar, mientras veía subyugada la gran cantidad de cuadros repletos de color y símbolos rituales a lo largo de las paredes, Wladimir intercambiaba saludos con el encargado, un pintor discípulo del artista. En uno de los pequeños mesones en la entrada, había una pila de lienzos pequeños con pinturas alusivas a los orishas. Estuve un buen rato viéndolas una por una, hasta que Wladimir me interrumpió. ¡Llévese esa! —me dijo— tiene rato con ella en la mano y además los ojos le brillan; por algo será.

Por segunda vez Wladimir me convenció. Los colores y la figura de aquella pintura me cautivaron irremediablemente. Al pagar, el pintor y autor de la pequeña obra me felicitó. «Buena elección —dijo— es nada más y nada menos que una pintura de Oshún. Es la diosa del amor; del río; de la sensualidad y la sexualidad; de la seducción, de los metales dorados, la miel, la música y el baile. Si quiere se lo escribo detrás del lienzo para que no se le olvide».

—¿Solo pintan figuras de los orishas? —pregunté agradeciendo su gesto.

—Sí, porque como dice el maestro Salvador, más que inclinación o devoción por la cultura de nuestros antepasados africanos, nuestro compromiso personal es contribuir a perpetuarla a través del arte.

A la salida del Callejón resalta una inscripción con una invitación abierta a propios y extraños; dice: «peña cultural afro-cubana. La rumba de Cayo Hueso. Callejón de Hamel. C. H Cuba. Domingos-12 pm». Según me explicó Wladimir, el callejón se ha convertido en una especie de templo del barrio al que todos reverencian. «Las fiestas aquí son muy animadas; a mí no me gusta venir, pero todos dicen que son una maravilla».

—¿Tú practicas la santería, Wladimir?

—Yo no creo en la santería, sino en Dios y en mi propio esfuerzo. Por eso siempre trato de estar de buen humor, para que las cosas salgan bien. —En ese momento ya habíamos regresado al coco-taxi, para emprender camino hacia el Monumento al general José Miguel Gómez—. Por eso me separé de mi esposa; porque peleaba mucho y siempre estaba brava. Eso no es bueno. La libertad es lo mejor, ¿usted no cree?

—Ya lo creo que sí, Wladimir. ¿Y tienes hijos?

—Sí. Una niña de 17 años que me vive regañando porque dice que yo creo que tengo 20 años. Vivo haciendo deporte. Y yo le digo que sí, que la edad está en el espíritu. Mire, yo tengo 41 años, y hago Yudo, corro, entreno; no fumo ni bebo, dos cervezas y ya estoy listo. ¿Cómo se llama usted?

—María Elena.

—Bueno, María, yo tengo que ser simpático además porque sé que tengo cara de malo y de bravo —dijo entre carcajadas—, debe ser que cuando mi mamá y mi papá me encargaron, allá en la antigua Unión Soviética, fue en la reconciliación, después de haberse peleado mucho, porque mi hermano, vamos, ese sí que es un mulato atractivo, dicen, de lo más buen mozo.

—Bueno, pero todos envejecemos, y entonces lo que queda es el ánimo y el carácter. ¿Y tú naciste en la Unión Soviética entonces?

—Sí. Mis padres estudiaban. Así que allá vivimos hasta mis siete años; después viramos; por eso yo sé hablar ruso, inglés, italiano y español.

—¡Válgame!, yo solo sé un idioma y medio.

—También soy licenciado en entrenamiento físico e instructor de Yudo, y doy cursos de reflexología, pero hace ocho años me dedico a esto, al turismo, porque así gano más dinero.

—¿Y el turismo se estudia también?

—¡Sí, claro! Son tres años de formación en turismo, y cada dos hay que actualizar los cursos para que le renueven a uno la licencia. Llegamos. Voy a dar la vuelta al monumento para que paremos y usted pueda hacer sus fotos, ¿le parece?

—¡Claro! ¿Por qué es importante este monumento Wladimir?

—La mayoría de las compañías de turismo no lo incluyen en sus visitas; prefieren los lugares más turísticos y culturales, pero a mí me parece que este es muy importante, porque se trata del monumento a un general que hizo cosas muy buenas en cuba. Fue presidente y aunque hubo mucha corrupción en su gobierno, dejó obras importantes, como por ejemplo la Marina Nacional; el mejoramiento de las condiciones del Ejército; el alcantarillado y pavimentación de La Habana, y un par de hospitales que aún están en funcionamiento.

—¿Por qué lo desmerecen entonces?

—Él fue un demócrata y le tocó una época dura de la política en Cuba. Fue general en las guerras contra el coloniaje español y uno de los personajes más influyentes en el primer período de la era republicana en la isla. Imagínese que formó parte de la asamblea constituyente que redactó la primera Constitución. Su gobierno fue muy criticado por algunas concesiones de servicios públicos, es verdad, y de leyes muy discutidas en la época, como la autorización de las peleas de gallos y la lotería nacional. También hubo escándalos de corrupción y tráfico de influencias, por eso se ganó el apodo de «Tiburón», que cuando se baña salpica, así decían cada vez que le daba un cargo a algún amigo o familiar.

—¿Y llegó a ser presidente entonces?

—Sí. Pero tuvo que renunciar, aunque tiempo después volvió a intentarlo. Su gobierno estableció la paz y la cordialidad en el país. Le hizo frente a las revueltas provocadas por el grupo de los Independientes negros que luchaban por la igualdad y el reconocimiento dentro de la nueva sociedad cubana, pero después supo conciliar las fuerzas políticas para que no quedaran odios ni rencores. Él había conseguido que las fuerzas de Estados Unidos abandonaran la isla, excepto Guantánamo, claro; pero luego volvieron a invadir, durante su presidencia, alegando un levantamiento indígena de hombres desatendidos tras la «independencia» cubana que él liderizaba, y citando la enmienda Platt, que es un apéndice agregado a la Constitución de Cuba en el período de la primera ocupación militar norteamericana en la isla, y que respondía a los intereses de los Estados Unidos.

—¿Tú también crees que todos los males de la isla son culpa del bloqueo de Estados Unidos?

—No. Hay muchos otros factores. Pero sí apoyo la política que tenía el general Gómez de oposición a la injerencia de los Estados Unidos en la sociedad cubana. Eso no puede ser. Ningún país tiene derecho sobre otro. Además, el general procuraba elevar el desarrollo tecnológico de la isla y modernizar la vida. Eso sigue haciendo falta. Si no fuera por él, quién sabe si existiría el Museo Nacional o las academias de Arte y Letras, la de la Historia. Gobernó entre 1909 y 1913 y fíjese que este monumento, que a mí me parece de los más bellos e importantes, se inauguró 23 años después de su salida del gobierno, y 15 de su muerte.

—Bueno, entonces finalmente de alguna forma su obra fue reconocida. Muéstrame el monumento, anda.

Estábamos en la parte más alta de la avenida Los Presidentes en la zona de El Vedado. La obra está hecha toda en mármol, y lleva la firma del escultor italiano Giovanni Nicolini. En el centro, una estatua de tres metros y medio reproduce la figura del general sobre una base construida con granito rosa proveniente de las canteras de la región italiana de Ravena. En los costados aparecen seis figuras que representan las provincias en las que estaba dividida la isla en su período, escoltadas por la bandera cubana. En la base se ubican dos estatuas de mármol que representan la fuerza y la magnanimidad. El resto del complejo está compuesto por varias terrazas, fuentes y bancos de mármol de Carrara.

El exterior del monumento se encuentra coronado en sus esquinas por dos grupos escultóricos; uno de ellos representa la historia y el tiempo, con la libertad en medio. En el otro, figuran el derecho y la ley, con la paz en el centro. La construcción del complejo escultórico costó 125 mil pesos, cifra muy elevada para su época, y que sin embargo fue pagada gracias a la contribución popular: cada cubano aportó un máximo de 20 centavos.

—¿A dónde vamos ahora?

—Aquí cerca está la casa donde vivía el general González y también el monumento a Lennon. Vamos para allá. ¿Usted es casada?

—No. Me divorcié hace un poco de años ya.

—¿Vio, que la libertad es lo mejor? Aunque, bueno, uno siempre necesita el cariño de una pareja.

—Sí, es verdad, aunque a esta edad es como más difícil enamorarse ¿no crees? ¿Tú ya tienes otra pareja?

—Otra tristeza es lo que tengo. Pero sigo adelante con energía y ganas.

—¿Qué pasó?

—Me enamoré de una mexicana. Rompimos hace apenas un par de meses. Ella tiene tres hijos y es de mi edad. Duramos dos años y medio juntos y un buen día me llamó y me dijo: amor de lejos, ya tú sabes lo demás.

—¡Ay Dios!, ¿Y cómo se conocieron? ¿Ella siempre vivió en México?

—Sí. Pero eso fue que se encontró a alguien en su país. Yo no me engaño.

—Así que ella era la que venía a verte.

—¡Síí! ¡Bastante!, aunque yo también fui a México varias veces.

—¿Y nunca te pidió que te quedaras allá, con ella?

—No —dijo con un halo de tristeza.

—¿Y tú nunca se lo propusiste? ¿No quieres irte?

—¡Claro que me gustaría irme! ¡A donde sea!, porque yo sé que con mi esfuerzo puedo surgir. Aquí ya toqué techo, porque aquí el techo es bajo para uno. Si ella me lo hubiera propuesto, me hubiera ido. Pero no lo hizo, y por algo sería. Eso tenía que nacer de ella; yo sería incapaz de proponérselo porque me parecería un abuso. Eso tenía que haber salido de ella… y no lo hizo.

—Pareces triste aún.

—Eso se me pasa ahora. Es que yo con ella volví a vivir el amor como cuando tenía 15 años. Con cartas bonitas, frases lindas; la emoción de los encuentros cada cierto tiempo. Romper, eso sí que me dolió. Pero bueno, sigo adelante. Siempre alegre. Mis clientes son todo para mí; siempre me dicen que disfrutan mucho mis recorridos. Por cierto, esas cholas que usted trae ¿son de buena calidad?

—¿Cómo?

—Porque si son malas quedará con el pie en la calle. ¡Agárrese que vamos en bajada y se me apagó el taxi! ¡Va a tener que sacar el pie y ayudarme a frenar!

No sé en qué momento caímos por una pendiente y en efecto, el motor se había apagado. Sentí que estaba en la mejor de las montañas rusas, pero sin la esperanza de que el recorrido se acabara al cabo de algunas vueltas. Gritar y soltar enormes carcajadas fue una misma cosa que Wladimir acompañó de lo más alegre. Minutos después caímos en una explanada y volvió a encender el motor. «¿Se divirtió?» —me dijo. «¡Sí, por Dios! pero me has podido matar del susto», dije aún entre carcajadas.

Nos bajamos frente a una pequeña plaza donde al centro se distingue la figura del legendario Beatle, John Lennon. Estábamos en el parque de 17 y 8, todavía en el Vedado. La estatua hecha en puro hierro fue inaugurada por el líder de la nueva trova cubana, Silvio Rodríguez y el comandante Fidel Castro, al recordarse los veinte años de su asesinato en Liverpool. Para la ocasión, el comandante dijo: *«Hay reivindicaciones que son muy justas»*, refiriéndose a los tiempos en que los Beatles fueron identificados por la política oficial como símbolos de la ideología imperialista de los enemigos de la Revolución cubana. Hasta 1966, cuando una emisora divulgó por primera vez una canción del cuarteto de Liverpool, los Beatles y su música estaban prohibidos; también las melenas, las minifaldas y los jeans. Pese a todo, hubo de pasar mucho tiempo para que, en Cuba, todo el que usara el cabello largo y jeans, no fuera identificado automáticamente como enemigo de la revolución, o como opositor al régimen socialista.

Allá nos fuimos, y Wladimir me hizo la foto, muy abrazada yo con el ídolo Lennon en plena Habana, bueno, con una estatua que dicen por cierto es una de las primeras que se ha hecho en América Latina, al pie de la cual hay una placa que reproduciendo su caligrafía, recoge un fragmento de su famosa canción «Imagine»: *«Dirás que soy un soñador, pero no soy el único»*.

Rumbo a la casa del Che Guevara, pasamos por varios mercados agropecuarios, una suerte de cárcel de comestibles donde los cubanos acuden más bien a jugar la lotería: encontrar algunas frutas u hortalizas que hagan la diferencia a la hora de cocinar con la escueta ración que les corresponde a través de la libreta de racionamiento. Hay de varios tipos, pero todos realmente pequeños. Unos cercados con una especie de malla metálica, y otros apenas formados por varios toldos de lona ubicados en plena acera.

Al acercarnos a la casa de Ernesto *Che* Guevara, ese mítico personaje convertido en una figura de relevancia mundial, Wladimir me advirtió que no fuese a sacar la cámara hasta llegar al lugar. En el camino me di cuenta de que pasamos por dos guarniciones militares.

—Ni se le ocurra disparar fotos ahora, por favor, me dijo.

—¿Por qué?

—Es mejor evitar. No sabemos de qué humor están hoy

La figura el Che ha llegado a despertar grandes pasiones en la opinión pública internacional. Así que ver la que alguna vez fue su casa era un *plus* que no debía desaprovechar. Para sus partidarios, el Che representa la lucha contra las injusticias sociales y un espíritu incorruptible; para sus detractores, se trata de un criminal responsable de asesinatos en masa, ajusticiamientos y un sinfín de atrocidades.

Al llegar, Wladimir me mostró una pequeña casa de dos plantas, donde me dijo aún vive una de sus hijas, Celia, cuando está en La Habana; también fue la última que ocupó el guerrillero antes de partir de Cuba. Allí vivió la familia que integró con Aleida March Torres, una militante revolucionaria que ahora se ocupa de la promoción del centro de estudios que lleva su nombre, y que se levanta en la acera de enfrente. De hecho, según la web oficial del sitio, fue ella en conversación con Fidel Castro, quien lo convenció de crear ese centro para consolidar un estudio más profundo, actualizado y vigente que permitiera desvirtuar esa imagen de «mercancía rentable» en la que se ha convertido para muchos la figura de Ernesto *Che* Guevara.

La edificación es realmente imponente y la fachada toda de mármol hace resaltar sin duda el nombre del personaje, con suficiente espacio para su firma.

—Ahora están terminando otro edificio para una nueva ampliación, dijo Wladimir.

—Pero ¿ya está abierto al público?

—En este momento no.

—Esto debe costar un dineral.

Mientras estuvimos allí, pocos minutos, a decir verdad, sentí la opresión de un silencio inusitado. De pronto me asaltaron las ganas de irme.

—¿Por dónde le vamos a llegar al río Almendares? —pregunté.

—Por el Bosque La Habana. Muchos le dicen Parque Metropolitano. Para allá vamos ahora mismo.

El nombre del río tiene que ver con el de uno de los obispos de La Habana, Alonso Enríquez de Armendáriz. Con los años, al ser cantado el río por los poetas, de Armendáriz pasó a Almendares.

Cuenta la leyenda que con el agua helada de uno de los siete manantiales que lo nutren, este obispo español, Armendáriz, se curó de sus dolencias en los huesos. Así que, al parecer, las propiedades o «facultades» de sus aguas son de vieja data. En todo caso, es el más importante de La Habana, y durante muchos años estuvo abandonado a merced de la contaminación. En algún momento sus aguas cristalinas sucumbieron a la instalación de industrias y manufactureras cercanas. Pero según parecen conceder todos ahora, en la década del noventa se comenzó un programa para su rehabilitación ambiental, que ha logrado disminuir los niveles de contaminación y reforestar su cuenca.

Dejamos el taxi en una angosta entrada con apenas pocos puestos para autos. Caminamos hasta un precario chiringuito que vendía bebidas y algún que otro comestible. De nuevo Wladimir saludó a los dependientes y me señaló el camino hacia la orilla más cercana del río, pasando un camino dibujado en la tierra. Me pareció que había que pagar entrada, pero él dijo que se haría cargo y que compraría algo de beber.

No sé si fue casualidad o un acto deliberado de mi inconsciente; lo cierto es que apenas llegué a la orilla y pude ver a lo lejos a un par de mujeres que vestidas de blanco bañaban con un balde de agua del río a un joven, fue cuando me di cuenta de que yo misma estaba vestida de blanco y arena, casi como aquellas mujeres que de seguro estaban en pleno ritual.

El agua frente a mí lucía transparente, aunque el fondo era irremediablemente verde; como mohoso. Al llegar a la orilla me provocó descalzarme y mojar los pies, con lo que la sensación de sosiego y tranquilidad fue verdaderamente instantánea. Wladimir se acercó con las bebidas. «Aquí vienen generalmente mujeres a hacer sus ritos y sus cosas de la santería. Dicen que todo visitante debe mojar su mano en las aguas, santiguarse, pedir por sus seres queridos y lanzar una moneda. Tenga el agua. Yo la dejo para que pase un rato allí, si quiere», dijo.

Según Wladimir, hay una leyenda muy repetida que alude a las aguas del río: «*dicen que nace y desemboca en el mar, pero es de agua dulce. Unos creen que, por el tránsito por la tierra y el contacto con las piedras alcalinas y los suelos porosos, el agua va perdiendo su salinidad. Otros aseguran que eso pasa porque se trata del río de la diosa Oshún. Dicen que todos los días ella sale de sus aguas, se baña con miel y vuelve a entrar; por eso se mantiene dulce. Las mujeres vienen a pedirle y a hacer ofrendas a cambio de la fidelidad de sus maridos; fertilidad, prosperidad; hasta le piden que se vaya el que usted sabe del gobierno*», dijo entre risas, y dio media vuelta enseguida para dejarme sola unos minutos. Lo cierto es que el río nace en las lomas de Tapaste, va hacia el oeste hasta Vento, se dirige luego al norte, forma la cascada del Husillo y ciertamente desemboca en la costa.

No sé cuánto tiempo estuve allí sentada, disfrutando una brisa tenue y el sonido del agua; claro que también tratando de husmear en los detalles de aquel rito que se estaba llevando a cabo pocos metros a mi derecha, muy cerca de un pequeño puente sobre el río. Al notar que les miraba, las dos mujeres y el joven detuvieron la faena por un momento. Entonces me calcé de nuevo, me levanté, saqué la cámara para hacer una rápida fotografía y retirarme de allí antes de que me pudieran decir algo.

—Me gusta mucho este lugar —dije a Wladimir camino al coco-taxi

—Todavía le falta hacer una foto —acotó. Póngase allí delante de ese árbol que yo la disparo y después en el camino le voy contando.

Se trataba de un árbol de Jagüey, muy apreciado en los ritos santeros también. «El Jagüey nace del agua —dijo Wladimir— porque le gusta demostrar su fortaleza a Oshun. Es más fuerte que la Ceiba, y en las religiones afrocubanas tiene muchos usos. Dicen que orishas como babalú Ayé se refrescan en sus raíces. Es el árbol preferido de santeros y babalaos. Mire cómo sus ramas crecen

y con el tiempo vuelven a incrustarse en la tierra. Es muy fuerte.»
Imponente sin duda, aun para la ciencia, que ha dejado claro que
su aporte en la preservación del ecosistema en los bosques es vi-
tal, ya que gracias al agua que retiene, alberga pequeñas especies
que se refugian entre sus raíces durante los meses de sequía.

—¿Le gustó el recorrido? —quiso saber Wladimir risueño.

—La verdad que sí. Muchas gracias.

—¿Vio? Yo le dije que iba a ser interesante. Ahora mismo la dejo
donde usted me diga.

—Déjame cerca de Coppelia. Tanto calor me ha provocado un
helado.

—Con mucho gusto.

Al aproximarnos al lugar me despedí de Wladimir y le dejé saber mi agradecimiento con una propina decente. Caminé la media cuadra que restaba para llegar a una de las heladerías más
famosas de la isla. Hacía mucho que escuchaba hablar de cuan espectaculares son los helados allí y de la enorme variedad de sabo-
res que se sirven. Estaba algo cansada, la verdad, y pretendía pre-
miarme con un rico y cremoso helado. Caminé un poco y por un
momento creí haberme perdido. En una esquina pregunté a un
hombre que caminaba con una enorme vasija de plástico repleta
de helado de chocolate. «Mire esa cola de gente que hay al cruzar
la calle. Allí es». ¡Andaaaaaaaaa! ¡Allí hay más de 40 personas! ¿Estás loca? ¡Yo estoy cansada y quiero ir a la piscina y tomar mojito,
mija, qué va! Ni en Caracas hay tanta cola para sacar la cédula, que
ya es mucho decir. ¡Muévete, mijita! ¡Comes helado otro día, qué
va, ya es suficiente por hoy!

PLAYAS DEL ESTE

La tarde anterior llamé a Gabriel para pedirle que me llevara a conocer alguna de las playas del este. Partimos bien temprano en la mañana, apenas tomé el desayuno. Iniciamos el recorrido hacia la costa este; íbamos a desplazarnos unos 28 a 30 kilómetros fuera de La Habana. A decir verdad, el trayecto se me hizo corto, y la conversación con Gabriel, siempre reveladora y amena, facilitó esa sensación.

He hablado con muchos amigos y colegas a mi regreso, aún antes de publicar estas crónicas y todos coinciden en que obviamente, el régimen cubano ha debido saber perfectamente, desde que compré el pasaje incluso, que visitaría la isla. Creen que cada uno de mis pasos han debido de ser vigilados muy de cerca, en vista de mis catorce años haciendo periodismo de opinión, las más de las veces en contra del gobierno revolucionario de Venezuela, del cual perciben más de 3 mil millones de dólares por año. «¿Todavía lo dudas?», dijeron. Y yo la verdad supongo que objetivamente ha debido ser así, pero no puedo decir que haya sentido incomodidad en algún momento; o que me hubiere sentido perseguida o vigilada, hasta ese día.

—¿Cómo le ha ido, María Elena? ¿Qué tal sus días en La Habana?

—¡Muy bien, Gabriel! Los he pasado de maravilla.

—¡Me alegro entonces!

—¿Cómo ha estado el trabajo?

—Bien, pero espero que estos días mejore. Apenas ahora comienza la temporada y para nosotros es muy importante, porque podemos ganar un poco más.

—¿Este carro es suyo, Gabriel?

—No. Es del Estado

—¿Nunca ha pensado en irse?

—En algún momento sí; pero ya estoy mayor. ¿Ya para qué? Tengo hijos y nietos y mal que bien los he podido sacar adelante decentemente con mi trabajo. Lo que sí me gustaría es cambiarme de casa. Si pudiera dejar mi casita vieja por un apartamento, aunque sea más pequeño, pero en Miramar, lo haría sin pensarlo dos veces. Esa es la zona donde todo cubano sueña vivir.

—¿Y está haciendo algo para lograrlo?

—Todo lo que se puede, que es poco. Solicitarlo al gobierno y esperar. No quiero hacer nada ilegal a estas alturas de mi vida.

—¿Qué pasa cuando alguien se va de la isla? ¿Qué pasa con su casa? ¿Con sus pertenencias?

—Depende de cada caso. Si se va para no volver, lo pierde todo. El Estado asume de inmediato esa propiedad y luego la adjudica según su criterio. Si se va solo por un tiempo, con permiso del gobierno, hay inspectores que visitan su casa y hacen un inventario. Muchas veces sucede que se soborna al inspector para que, por ejemplo, coloque que en lugar de cinco sillas hay dos, y así el propietario las vende y recupera algo de su dinero; eso lo hacen quienes de alguna manera tienen pensado no regresar, aunque no lo dicen abiertamente porque no les darían el permiso.

—¡Qué incertidumbre, Gabriel!

—Sí. Así vivimos aquí. Quienes reciben remesas de sus familiares del exterior, que por cierto es la tercera fuente de ingresos en la isla, pueden resolver un poco mejor.

La autopista por la que nos desplazábamos estaba en buenas condiciones. La llaman la «vía Blanca», y arranca en la salida del túnel bajo la bahía. Hacia ese lado este hay una serie de playas muy frecuentadas por los habaneros y aunque cada una de ellas toma un nombre diferente, podrían considerarse como una sola a la que llaman Circuito Azul o Playas del Este.

Por orden de cercanía a La Habana, las playas son Bucaranao, Megano, Santa María del Mar, Boca Ciega, Guanabo, Jibacoa y Trópico. Gabriel me había adelantado que me llevaría a Santa María del Mar, donde él consideraba podría pasar más tranquila el día.

—¿Usted quiere que la espere? No tengo ningún problema.

—¿Seguro? No creo, Gabriel. Mejor vuelva usted a sus labores y me viene a buscar al final de la tarde.

—Yo no tengo problema, María Elena. Como usted prefiera.

Mientras caminábamos por la arena hacia la zona donde estaban los toldos y las sillas de extensión, Gabriel intercambió señas con uno de los encargados del lugar, según deduje. Allá iba acompañándome hasta escoger el sitio que consideró más cómodo para mí, sin importarle que sus zapatos y la bota de sus pantalones se estuviesen llenando irremediablemente de arena.

—Aquí estará bien, María Elena. Justo frente a la playa sin que nadie pueda interrumpirle la vista. Ya viene el joven a cobrarle por la silla y el toldo. Son 4 Cuc.

—¡Gracias, Gabriel! Entonces usted se va y me busca más tarde.

—Por mí no se preocupe. Nos vemos. Disfrute su playa.

El día estaba precioso, a decir verdad. El mar lucía como licor de Curacao o Perfecto Amor; muy azul y de una transparencia contundente; sin olas, por cierto. La arena no guardaba ningún misterio para mí. Podría decir incluso que esa playa donde me encontraba al menos no tenía nada que envidiar a muchas de las que tenemos en la costa venezolana. Sabía de sobra que la panacea de las playas en Cuba está más al norte, en la provincia de Matanzas, a unos 130 kilómetros de La Habana; casi en plena península. Por allí está Varadero, que es la más conocida, por su fina arena blanca y el descenso de su plataforma hacia el mar, lo que facilita muchas actividades recreativas. Pero no estaba en mis planes —ni en mi bolsillo para ser rigurosamente sincera— desplazarme hasta allá.

Pasé un buen rato en la tumbona disfrutando del paisaje, la brisa y el mar inmenso delante de mí. Por momentos dormitaba y despertaba luego para volver a disfrutar la hermosa vista. Me llamó muchísimo la atención una mujer con una cicatriz vertical que descendía de su ombligo hasta su bajo vientre. Muy perceptible. Estéticamente fea; gruesa. Me hizo recordar la cicatriz de la cesárea de mi tía menor. Siempre se queja, porque hace poco más de 36 años, los que tiene ahora su hija, no había otra forma de practicarla sino así, vertical, y tomándole buena parte del vientre. Pero esta chica era joven. No habría razón para que esa cicatriz fuese de una cesárea en estos tiempos, sobre todo tomando en cuenta lo jactancioso que es el gobierno cubano con la calidad de sus médicos y servicios de salud en general. Podría ser otro tipo de operación; pero de todas maneras, no lucía como un trabajo bien hecho. Definitivamente, no. De pronto, un griterío a mis espaldas me sacudió.

—¡Perra! ¡Te dije que no te metieras conmigo!

—¡No te tengo miedo! ¡Haz lo que quieras! ¡Denúnciame si te atreves, anda!

—¡Claro que te voy a denunciar! ¡Corrupta! ¡Abusadora! ¡Mañana mismo hablo con el supervisor! ¡Perra, desgraciada!

Lo que siguió fue otra andanada de insultos, y el encargado del lugar tratando de apaciguar lo mismo a las dos mujeres —una negra de trenzas y una mulata— que al grupo de niños que llevaban, que no paraban de hacer alharaca tratando de evitar que terminaran por irse a las manos.

Me incorporé en la tumbona para escuchar con más atención y tratar de inferir el motivo de la discusión, que parecía algo relacionado con el trabajo de ambas. Seguramente alguna cabeza rodaría si el asunto llegaba hasta el supervisor. En el movimiento, una pulsera de eslabones delgados pero grandes, hecha de oro blanco, amarillo y rosado que llevaba, se quedó atascada en el mecanismo de la silla, en el momento que intentaba ponerla en posición más vertical. La discusión seguía, aunque con menos intensidad, y yo permanecía mientras con la pulsera y por ende la muñeca atascada en el espaldar de la silla. Todo aquello me parecía tan absurdo que me dieron ganas de reír. Estaba en una posición algo incómoda que no me permitía ver con comodidad para intentar destrabar la pulsera. ¡Andaaaaaa! ¡Jajajajajaja! ¡Hala la mano, mija! Si se rompe, pues mala suerte, la mandas a arreglar en Caracas. ¿O vas a pasar todo el día con la mano allí, mija? ¡Plomo! ¡Saca esa mano de ahí ya, pues!

Lo hice. Di un tirón a mi mano izquierda, y pude liberarla; pero la pulsera saltó, se rompió por supuesto, y cayó. Eché un vistazo enseguida a mi lado izquierdo, pero no la ubiqué a simple vista. Supuse que estaría en la arena así que comencé a revolverla intentado encontrarla. Nada. Me levanté de la tumbona; me agaché para ver mejor todo alrededor, y nada; intenté cernir la arena con mis manos para ver si así daba con ella, y nada. ¡Qué absurdo!

La discusión de las mujeres había sido ya conjurada; yo, en cambio, seguía buscando la pulsera mucho más allá de lo que la simple lógica podría indicar. Más lejos de donde estaba mi mano; detrás de la silla; por el lado de los pies; del otro lado de la silla; más profundo en la arena; nada. ¡El colmo! ¿Cómo es posible? ¡Qué absurdo! Volví a repasar mentalmente el episodio con calma para buscar de nuevo. ¡Nada! ¡Andaaaaaaa! ¡Se fue volandoooo! ¡Alerta, alerta, alerta que camina la pulsera por América Latina! ¡ja, ja, ja, ja! Bueno, mijita, deja eso así ya. ¿Quién fue que te regaló la fulana pulsera esa? ¡Ahhhh síí, ya me acuerdo! El caballero este al que justo días antes de venirnos para acá le dijiste «Chao pescao». ¿No es así? Bueno, entonces recuerda lo que te dijo la santera, que olvidaras el pasado. ¡Ah bueno! Entonces ¡dale play!, ¡deja esa pulsera enterrada allí, y con eso entierras también al fulanito ese y listo!

Apagué en la arena casi debajo de mi silla un cigarrillo que había encendido; envolví mi bolso con la toalla y eché encima la franela y el pantaloncillo que llevaba y me fui a dar un baño en el mar. La temperatura del agua me resultó muy agradable. Claramente podía ver mis piernas y mis pies a través del agua.

Caminé un trecho hasta alcanzar algo más de profundidad para que el agua cubriera todo mi cuerpo, y tuve la precaución de darme vuelta y disfrutar del baño mirando hacia donde estaban mis cosas en la silla de extensión.

Cada tanto me daba vuelta para llenar mis ojos con la vista del mar infinito y su profundidad, para luego volver a mirar al frente y no perder de vista mis cosas: mi bolso con los documentos; el dinero, la cámara de fotos, en fin. Todavía allí dentro del agua, pensaba en lo absurdo del episodio de la pulsera; hasta me daba risa. De pronto, al reponer la vista sobre el lugar donde estaba mi silla, pude ver a un oficial de policía de pie justo al lado de ella. El hombre miraba hacia el mar, como pasándole revista al agua, y enseguida revolvía hasta con rabia la arena junto a mi silla.

¡Andaaaaaaa! ¿Y eso? ¡Te están buscando, mijita! ¿Será que te van a llevar presa por apagar un cigarrillo en la arena? ¿O será que es un delito perder una pulsera en la playa? ¡Ay mi mamá! ¡Socorrooo! ¿Qué vas a hacer, mijaaaa? ¡Reaccionaaa! ¡Qué sustooooo! ¡Qué horror!

El hombre llevaba pantalón oscuro y camisa azul celeste con algún distintivo que de lejos no pude detallar. Boina oscura, igual que los pantalones. Una y otra vez miraba hacia el mar y de nuevo revolvía la arena con su pie, ahora con los brazos en jarra y actitud cada vez más molesta. La verdad quedé petrificada en el agua. Por momentos no supe qué hacer. Mi mente se movía a toda velocidad tratando de dar con alguna explicación, pero nada razonable se me ocurría. Di la espalda una vez más para ver el mar interminable de frente y rogarle a la virgencita de la Caridad y a todos los santos que me protegieran. Entonces decidí salir y dilucidar todo aquello, pero al voltearme de nuevo, ya el oficial de policía no estaba al lado de mi silla.

Mientras caminaba hacia ella, hice un paneo visual de izquierda a derecha y de derecha a izquierda, tratando de ubicar al policía, pero parecía que la arena se lo había tragado, igual que a mi pulsera. Estaba nerviosa y preocupada. No podía encontrar una explicación a todo aquel absurdo. En eso estaba cuando sentí tres golpes secos con algún objeto metálico en el borde de la cabecera de mi silla de extensión. Me incorporé rápidamente y de una vez hice lo posible para que el corazón no se me saliera por la boca. «¡Papeles!», me espetó el policía muy mal encarado, sin dar siquiera las buenas tardes.

—Aquí tiene —dije extendiéndole mi pasaporte.

—¡Usted es una inconsciente! ¿Cómo se le ocurre?

—¿Perdón? ¿De qué me habla, oficial?

—¿Dónde estaba usted? —siguió con tono amenazante.

—En el mar, dándome un baño. ¿Por qué? ¿Qué es lo que pasa?

—¿Y usted no se dio cuenta de que yo estuve un buen rato aquí, junto a su silla?

—La verdad que no, oficial —mentí, ahora sí presa del pánico y el susto.

—¿No se dio cuenta de que yo estaba aquí, revolviendo la arena al lado de sus cosas? ¡Cómo es posible!

—¡Señor, le acabo de decir que no! ¿Prefiere que le mienta, entonces? ¡Andaaa! ¡Así, así, así es que se gobierna, nojoo! ¡No te vayas a dejar apabullar por este filistrín que de seguro no come ni dos veces al día!

—¡Lo que usted acaba de hacer es una gran estupidez! ¿Cómo se le ocurre?

—Si me dice de una buena vez de qué habla, tal vez podría darle alguna explicación, supongo —dije comenzando a perder la paciencia, pero no el susto.

—¡Han podido robarle sus cosas y usted ni se entera! ¡Aquí no se debe hacer eso! ¡Es una tontería y una inconsciencia! ¡Después van a quejarse y a poner la denuncia y uno es el responsable!

—¡Ah caramba, oficial! Eso sí que no lo sabía.

—¿No lo sabía? ¿Usted anda por ahí dejado sus cosas solas y no le preocupa? ¿Cómo puede ser eso?

—Bueno, oficial, la verdad nadie me advirtió que debía tener algún cuidado especial. Entonces ya sé que como ando sola no puedo meterme al mar. ¿Será?

—¡No he dicho eso! —dijo bajando unos decibeles el tono de la voz, pero con la misma autoridad— levántese. Mire hacia allá —dijo señalando la parte del fondo junto al área reservada para los carros en la entrada— Allí voy a estar. Cuando usted quiera volver al agua me avisa, y yo vengo a cuidarle sus cosas para que se bañe con tranquilidad. ¿Me entendió?

—Claramente, oficial. Lamento haberlo hecho molestar.

—Este es mi trabajo y no quiero problemas aquí, dijo con la misma energía. ¡Andaaaaa! Entonces llegaste tarde hoy a tu trabajo, filistrín, porque ¿dónde andabas que no impediste que las mulatas de allá atrás se cayeran a gritos? ¿Ahh? ¡Nojooo! ¡Plomo! ¡No te dejes, periodista!

—Le repito que lo siento de verdad, oficial. Así lo haré.

—Que tenga buenas tardes.

—Gracias. Buenas tardes para usted también.

Me costó un buen rato asimilar la desproporción del regaño del policía por algo tan nimio. No era necesario tanto rigor y hasta amedrentamiento para solo dejarme saber que debía tener un poco más de cuidado, y en resumidas cuentas, hasta para hacerme un favor. El talante del policía me hizo recordar el encuentro con aquel G2 que me increpó de la misma forma al hacer la cola para la inmigración en el aeropuerto. ¿Sería todo aquello algo premeditado para medir mi reacción? ¿Sería para mí específicamente o sería esa la forma en que manejan la autoridad, a punta de amedrentamiento; de sembrar el miedo para descubrir algún indicio de algo irregular de acuerdo a la reacción de cada quien? ¿Haría lo mismo aquel oficial si las que dejaban las cosas allí para irse al mar eran las chicas que discutían más temprano?

Estaba realmente agobiada por el susto y la intensidad de los episodios que acababa de vivir en apenas unas horas. Recogí mis cosas y decidí acercarme a un chiringuito que vi en la entrada.

Mejor tomar algo y terminar de serenarme, solo que, al llegar allí, vi a Gabriel muy tranquilo sentado en una de las mesas conversando con el encargado.

—¡Gabriel! Usted se quedó a esperarme, finalmente. No sabía.

—Le dije que no se preocupara por mí. Aquí estoy bien.

—Pues qué bueno, porque en realidad me gustaría irme ahora mismo.

—¿No va a comer algo?

—No. Ya que usted está aquí, prefiero regresar al hotel de una vez.

—Como usted quiera. Vamos entonces. ¿Le gustó la playa? ¿Todo bien?

—¡Sí! dije, para no entrar en detalles.

—Un poco más allá está una playa muy concurrida por los turistas; pero solo pueden pasar quienes se hospeden en el hotel. Es exclusiva y solo para hombres.

—¿Y eso? ¿Cómo se llama?

—Se llama Trópico y es reservada para el turismo sexual, digamos. Para ejecutivos que vienen de cualquier parte del mundo a disfrutar de las playas y de las mulatas cubanas.

—¿Jineteras?

—Pues sí. Esa es la verdad.

—¿Ganan mucho dinero, Gabriel?

—Pues imagínese, aquí lo que sea que se gane por encima de lo que paga el gobierno, ya hace la diferencia para cualquier persona. Ellas ganan bien, sí, porque los turistas son gente amable y dan muy buenas propinas. Pueden hacer hasta cuatro veces más que un profesional.

—Pero igual ellas trabajan para el Estado. Es decir, igual que tú deben darle de sus ganancias.

—Sí, pero, de todas formas, les queda muy buen dinero a ellas.

—Claro, si se compara con el sueldo del gobierno, casi cualquier cosa es muy buen dinero.

—Sí. Ellas al menos, las que trabajan así en los hoteles y lugares turísticos, están censadas y tienen sus permisos. Pero las vigilan muy de cerca y por cualquier cosa amenazan con revocárselos. En cambio, con los hombres son más permisivos. Si los sorprenden donde no debe ser, solo les regañan y la mayoría de las veces los dejan ir.

—Anoche di un paseo por el malecón. Es increíble cómo cambia el ambiente allí al caer la noche. De día luce inofensivo, pero de noche, la cosa cambia por completo. Mucha gente. Turistas y locales. Se entremezclan y se ve que hay mucho de eso también. Turismo sexual.

—Sí, pero allí no está permitido. Por eso es peligroso.

—Con razón. Anoche se me acercó un hombre y de una vez me ofreció sus servicios. Así, sin siquiera buscar un pretexto para una conversación y después plantearme el asunto.

—Es por eso. Deben andar rápido antes que la policía los pesque. Y de todas formas, no les gusta perder el tiempo. Si usted le dijo que no, pues enseguida buscan a otra persona. Su misión es ganar dinero, y de noche es más fácil; pero la noche es corta, así que no hay tiempo que perder.

Recorríamos de nuevo la autopista cuando pude ver un letrero enorme que decía «Tarará». Lo leí en voz alta y con asombro, pues recordé que mi amigo Roberto me había dicho que los veranos de su infancia transcurrieron todos en la casa de playa que su familia tenía allí. «Ahora la llaman urbanización Milagro. Ese letrero es viejo —dijo Gabriel—, allí están ahora en su mayoría las personas que van a ser operadas o fueron operadas gracias a la Misión Milagro, esa que se ocupa exclusivamente de mejorar y curar la vista a quien lo necesita. Yo mismo me operé unas cataratas hace poco. Gracias a Dios todo salió muy bien. Pero yo me fui a mi casa. Allí se quedan mayormente las personas que vienen de la provincia o que necesitan más supervisión médica. También creo que hay unos cuantos pacientes que vienen de Venezuela».

—Quiere decir que la casa de playa de mi amigo fue confiscada por el gobierno.

—Como la mayoría de las propiedades de todo aquel que dejó la isla cuando llegó la revolución.

—¿Y Alamar queda por aquí también?

—Sí, es por aquí.

—¿Podemos entrar unos minutos para ver un poco más de cerca?

—¿Usted quiere ver en lo que se han convertido aquellas construcciones de las micro-brigadas, verdad?

—Pues sí, Gabriel, si no le importa —mentí. En realidad, no tenía idea del asunto de las micro-brigadas en Alamar. Quería ver el lugar porque me habían dicho que una de las damas de blanco vivía allí.

—Aquí viven unas 500 mil personas aproximadamente —dijo Gabriel casi leyéndome la mente.

—¿Tantas? No parece.

—Son muchos bloques de apartamentos. Vamos a pasar rápidamente por la calle que bordea; si mira al fondo, hay decenas de edificios en cada cuadra.

—Están muy mal conservados. ¿Qué pasó con las micro-brigadas?

—Que al comienzo funcionaron, pero después se volvió todo un desastre. Eso fue hace unos 30 años. Las micro-brigadas se conformaron para resolver el tema de la necesidad de vivienda de la gente. Para eso se integraban y eran los mismos necesitados los que construían sus viviendas. Estos edificios son de esa época, por ejemplo.

—¿Y cómo funcionaban?

—Se conformaban grupos de entre 20 y 40 familias que nombraban un equipo directivo que los representaba. El que necesitaba vivienda lo decía, y entonces se levantaba una lista que después el gobierno verificaba con visitas personales que hacían unos inspectores.

—El gobierno las financió.

—Sí. El Estado ponía los materiales, señalaba la zona, y comenzaba la construcción, que tenían que hacer las mismas personas que lo solicitaron y que se agruparon en la micro-brigada. Pero imagínese. Ellos no eran constructores. Por eso algunos de estos edificios demoraron siete años en ser terminados. Y cuando finalmente los habitaban, entonces descubrían filtraciones y cosas así. Estaban mal hechos, claro, si ellos no sabían nada de eso.

—¿Siete años, y el Estado no supervisaba eso?

—El Estado fue el gran responsable de esto. Asignaba un ingeniero jefe de la obra, pero si en el grupo había un miembro del partido, automáticamente asumía la autoridad, se convertía en el jefe de la micro, y beneficiaba a quien le convenía. Además, suponga usted que un día estaban los trabajadores, pero se había acabado el cemento. Entonces se llamaba a la dependencia del Estado, que decía que sí, que allí lo tenían; pero resulta que no había cómo trasladarlo ese día a la obra. Entonces ¿qué pasaba?, que los trabajadores se iban a su casa y se perdía el día de trabajo; otro día falló la luz; día libre también y más retraso. Los trabajadores se iban; total, igual tenían el sueldo que les pagaba el Estado, lo mucho o poco, pero lo tenían igual a fin de mes. Y eso que a diario se hacía un matutino para revisar las necesidades de la obra.

—¿Y cómo se hacían las adjudicaciones finalmente?

—Los inspectores del Estado hacían visitas, como le dije, para verificar la información enviada por los delegados de la micro-brigada, y en base a esas visitas se medía la calificación de los solicitantes para la adjudicación de la vivienda. Si, por ejemplo, el solicitante era una pareja de recién casados que vivía en casa de los padres de uno de ellos, compartiendo habitación con algún otro miembro de la familia, probablemente tendría que esperar más tiempo que otra que por ejemplo declarara y demostrara, por supuesto, que estaba durmiendo en la sala de la casa.

—No puedo creerlo.

—Y no es que al final le daban la vivienda a cambio de haberla construido. El banco compraba la construcción y luego de terminada, el trabajador comenzaba a pagarle poco a poco al banco hasta terminar. Muchas fueron adjudicadas a los miembros y amigos del partido, por sobre otros que la necesitaban igual pero que no eran militantes.

—Corrupción. Tráfico de influencias.

—Exacto. Eso creo que ocurre en todas partes del mundo.

—Sí. En unas más que en otras.

—Las micro-brigadas ya no existen como grupos de constructores. Ahora solo hay brigadas que se supone son las interlocutoras con el Estado. Pero por ejemplo, un grupo grande de edificios que se construyó para albergar a los entrenadores, a los jueces y a los atletas en los panamericanos de 1991, al terminar los juegos, fue adjudicado a quienes los habían construido. La gente común quedó nuevamente afuera.

—Deténgase un momento Gabriel, por favor. Quiero hacer una foto de ese *graffitti* en la pared. ¿Puedo?

—Dese prisa, por favor. Esta no es una escena corriente en estos lados. Un taxi con una pasajera sacando fotografías.

—Listo, Gabriel. Disculpe. Es que me llamó mucho la atención. ¿Usted vio lo que decía allí?

—Sí. *I love Cuba*. Esos son los muchachos que saben de todo. Ahora vamos a pasar por el complejo deportivo panamericano del cual le hablé. Allí hay velódromo, canchas de tenis, piscina techada. Está muy bien equipado.

—Ay, Gabriel, si no le importa, me gustaría que me dejara más bien cerca de la Bodeguita del Medio. Quiero conocerla y tomarme un mojito allí, aunque sea. Ha sido un día intenso, la verdad.

—Claro que sí, con mucho gusto. Pero no se quede muy tarde en la noche, y mire bien a la hora de tomar el taxi para regresar al hotel.

—No se preocupe, Gabriel. Muchísimas gracias. Usted siempre tan amable.

Bajé por los lados de la Catedral. Solo tenía que caminar media cuadra pasando la iglesia y allí mismo estaba la Bodeguita del Medio. Es un lugar modesto, si a ver vamos; inversamente proporcional en espacio a la fama que tiene en casi todas partes del mundo. De hecho, hay unas cuantas réplicas en México, Argentina, Bolivia, Colombia e incluso Alemania e Inglaterra.

Varias veces había pasado por allí y siempre había gente haciendo cola para entrar. No es para menos; es uno de los lugares de más demanda turística, dada su tradición, su historia gastronómica y la calidad de los personajes que por ella han pasado a disfrutar de su comida, sus bebidas y tabacos: desde Errol Flyn, pasando por el mismísimo Salvador Allende hasta llegar al propio Hemingway, por supuesto, quien dejó escrito en una de sus paredes: «*My mojito in La Bodeguita, My daiquiri in El Floridita*».

Adelanté a la gente de la cola para llegar hasta el guardia de seguridad que custodia en la puerta. «En cuánto tiempo calcula que podría entrar? —le pregunté—. Estoy de última en la fila». Para mi sorpresa, me miró con una gran sonrisa y preguntó si iba a comer o a beber, y si estaba sola. «Todas las anteriores», respondí.

—¿Eres venezolana? —continuó

—¡Sí! ¿Cómo sabe?

—Por lo bella, y por tu acento. Ya tengo experiencia aquí con el modo de hablar de casi todo el mundo. Pasa. Enseguida te ubico.

—La gente de la cola me va a detestar.

—Eres mi invitada, no hay problema. Pasa a la barra mientras se desocupa una mesa —dijo haciéndole señas a uno de los chicos.

—¡Gracias! —respondí.

A duras penas pude trasponer la puerta de entrada. Había gente ocupando todos los asientos de la pequeña barra que bordea el rectángulo que da forma al bar, entrando a la derecha. Además, había otra cantidad de gente disfrutando de pie, con sus tragos en la mano, conversando y escuchando animadamente al grupo de música en vivo que amenizaba la tarde. Por esos días, había luz hasta casi las ocho de la noche.

Enseguida se desocuparon dos asientos en la barra, justo frente a la caja registradora. Ocupé uno, y el otro lo tomó rápidamente una chica que estaba a mi lado, mientras su pareja permaneció de pie. Pedí un mojito; ellos también.

—¿Eres venezolana? —dijo él.

—Pues sí. Eres la segunda persona que lo nota desde que entré a este lugar.

—Yo porque he trabajado con algunos colegas de tu país. Por eso reconozco el acento fácilmente.

—¿Ah sí? ¿Y tú qué haces?

—Soy periodista. Trabajo en el diario *El Tiempo* de Colombia.

—¡Mira tú! ¡Qué casualidad! Yo también soy periodista —en ese momento nos acercaban los mojitos. Por un momento me pareció que el barman había escuchado nuestra conversación. Sentí que frunció el ceño y nos dio los tragos de mala gana. Pero preferí pensar que estaba sugestionada por el día agitado que había pasado—. ¿Y qué los trae por aquí a ustedes? ¿Trabajo o diversión?

—Somos pareja —dijo ella— precisamente este es nuestro viaje de aniversario de bodas. Yo soy María Elvira y él es Juan Fernando. ¿Cómo es su nombre?

—María Elena.

—Bueno, María Elena, pero tú sabes que un periodista nunca deja de trabajar; hasta cuando va de vacaciones. Yo quería venir aquí para ver todo antes de que lleguen los cambios.

—¿Tú crees que eso está cerca?

—Puede ser —dijo— más cerca que al inicio de la revolución al menos.

—¿Dónde se están quedando?

—En una casa de hospedaje —dijo ella— así nos rinde más el dinero. Son tres veces más económicas que los hoteles; y pagamos en pesos, no en divisas. Está cómoda la habitación; hasta tiene aire acondicionado.

—Sí —completó Juan Fernando— es de una mexicana que

tiene doble nacionalidad. Ella viaja de vez en cuando y trae ropa para vender. Así pueden llevar una vida más o menos digna. Pronto su esposo hará lo mismo.

—¿Eso es legal?

—Viajar sí. Ellos pueden entrar y salir porque ella es mexicana. Lo de la ropa me temo que no es legal.

—Aquí todo el mundo busca cómo «resolver», ¿no?

—Sí. Están pasando cosas muy interesantes. El turismo ha abierto una brecha que, a la larga, o provoca cambios importantes y cierta apertura por parte del gobierno o recrudece la violencia y el control del Estado, porque la abundancia del capitalismo se les está colando a través del turismo. Aquí se están dando cuenta de eso.

—¿Tú crees? Hasta ahora lo que hay son puros anuncios de algunos pequeños cambios, pero nada se ha concretado.

—Aquí están viendo que, en el capitalismo, si tú quieres una gorra rosada, por ejemplo, vas y te la compras. Para eso trabajas, y para eso hay tiendas de cualquier cosa en las calles. Aquí no. Aquí tienen que comprar la que haya, si es que la encuentran. Eso lo están viviendo ahora. Ese contraste está ocurriendo gracias al turismo.

—La verdad yo he notado que en general nadie habla mal del gobierno directamente, aunque sí se quejan de su situación particular y prácticamente sin que uno les pregunte.

—La gente quiere apertura, sin embargo, no se atreve a hablar mal o quejarse abiertamente de la revolución. ¡Serán tontos! Nadie duda del poder represivo del Estado. Se lamentan de las carencias, sí, pero de todas formas otros siguen agradeciendo que el gobierno haya repartido lo poco que tiene. Muchos lo exculpan aún y achacan la responsabilidad al bloqueo.

—Es compleja la cosa, sin duda.

—Sí, pero yo siento que esto va a cambiar más pronto de lo que muchos imaginan.

—Ojalá sea así.

La conversación se desarrollaba entre canción y canción. Era prácticamente imposible intercambiar palabra sin gritar. Al cabo de un rato, María Elvira dijo que estaba cansada. Venían de un largo paseo por el casco histórico. «Entonces salgamos juntos si no les importa —dije—, ya es de noche, así no me voy sola. Caminemos hasta encontrar taxi». Al salir, el portero me guiñó el ojo y me dijo: «Vuelve pronto. Serás siempre bienvenida».

Cruzamos la calle hasta llegar al malecón. Juan Fernando me preguntó qué dirección llevaba, y al responderle, dijo que podíamos tomar el mismo taxi y compartir el gasto, pues la casa de hospedaje de ellos quedaba a pocas cuadras de mi hotel. Enseguida detuvo un almendrón; así le dicen a los taxis modelo Chevrolet de los años cincuenta que tanto abundan en la isla. El chofer se detuvo y abrió la puerta desde adentro. El mecanismo estaba dañado y no nos era posible hacerlo desde el exterior. Llevaba música a todo volumen. Juan Fernando le dijo que iríamos primero al hotel y luego un par de cuadras más allá.

Hicimos el recorrido chachareando de lo más animados. María Elvira estaba feliz porque había comprado un afiche en un puesto de artesanos de Centro Habana. «Es un lugar medio loco donde hacen obras de arte hasta con piezas de baño que cuelgan de las paredes —dijo—, me encantó. Muy creativo».

No sé en qué momento el chofer se detuvo repentinamente junto a la acera, faltando aún poco menos de media cuadra para ingresar a la calle de la entrada privada del hotel. Bajó el volumen de la música, se dio vuelta muy rápidamente para abrir la puerta de mi lado desde su asiento, y me dijo:

—¡Usted, por favor! ¡Bájese enseguida! siga a pie rápido; y no mire hacia atrás. ¡Váyase ya!

—¿Qué pasa? —dijo Juan Fernando sorprendido mirando calle atrás— ¿Nos sigue la policía ¿O qué?

—¡Usted diga que es estudiante! Que vive cerca —dijo el chofer sumamente agitado dirigiéndose a María Elvira—. Y usted es su amigo que la visita. No digan más nada. ¡Rápido!

Para ese momento ya andaba los pocos pasos que me restaban para doblar hacia la calle que da ingreso al hotel. Las piernas me temblaban y comencé a sudar frío. Estuve tentada a mirar atrás y ver qué ocurría, pero el pánico no me dejó. Caminé lo más rápido que pude sin llegar a correr, para no despertar suspicacias mientras pensaba en lo insólito y absurdo de estar huyendo de algo que ni sabía qué era. No alcanzaba a imaginar qué podría haber pasado. ¿Qué habíamos hecho mal? ¿Por qué la policía nos estaría siguiendo?, pero, sobre todo, ¿por qué el chofer hizo que me bajara yo y mis compañeros no? ¿Por qué les pidió que mintieran? ¿Qué estaba pasando, Dios mío?

Llegué al hotel y preferí entrar por una puertecilla lateral que siempre usaba luego de tomar el desayuno, un nivel por debajo de la entrada principal, bajando unas pequeñas escaleras. Tomé el ascensor con una taquicardia que aún hoy al recordar la situación me revuelve los nervios. Llegué a la habitación, abrí la puerta y la cerré tras de mí, aún presa del susto y con la respiración entrecortada. Nunca me he desmayado en situaciones de peligro o amenaza y he vivido unas cuantas, desde robos a mano armada, pasando por secuestros exprés e incluso perdigonazos, gases lacrimógenos y la ballena de la policía en los tiempos del golpe de Estado de 1992. Pero eso era en mi país. Allí estaba en territorio no seguro. Cuando vi un sobre blanco en la alfombra de mi habitación, a poca distancia de la puerta, creí que me desvanecería por primera vez.

Me dejé caer en el suelo deslizando la espalda a lo largo de la puerta de entrada. Respiré lo más profundo que pude y rompí el sobre con frenesí, buscando salir de toda aquella incertidumbre. Al abrirlo, y leer las cortas líneas escritas a mano en aquel papel blanco con membrete del hotel, se me salieron las lágrimas y comencé a reírme, aunque no sé si más bien lo que hacía era gemir y llorar del susto.

Estimada Clienta:

Espero que su estadía en nuestro hotel haya sido de su agra-do. Para mí fue un placer atenderla. Le deseo un feliz viaje, salud y suerte.

¡Vuelva pronto!

Gracias,

Su camarera,

Nidia.

AL PAN, PAN

Había llegado mi último día en La Habana. Desperté con un inmenso vacío en el estómago, no solo por lo agitado del día previo, sino porque en medio de todo, había olvidado comer. Eché mano de unas galletas que tenía en la cartera y con un vaso de agua, me dispuse a esperar que fueran las diez. No quería bajar al comedor y tropezar con el grupo de venezolanos que había llegado al hotel el día anterior con el ministro Alí Rodríguez.

Aún me faltaban unas cuantas fotografías que quería llevarme; no había logrado probar un helado en Coppelia y aunque parezca insólito, tampoco había tenido tiempo de ponerme en contacto con el mundo del baile y las ruedas de casino que tan entusiasmada me tenían. Todavía no logro explicar qué me pasó.

Cada día, al oscurecer, repasaba todo como en una película, tomando notas de algunos detalles que me parecía importante recordar. Prácticamente dormía con mi cuaderno de notas debajo de la almohada. Un par de veces, al regresar de la calle, tropecé con la camarera y su supervisora conversando a las puertas de mi habitación. Un día incluso me pidieron disculpas, pues «el pedido no había llegado», dijeron, y las papeleras estarían sin «java», o bolsita plástica. ¿Qué tanto hacían en la puerta de mi cuarto?

Varias de las noches que pasé en La Habana, el teléfono de la habitación sonó a las tres de la madrugada. Atendí, y nadie respondía. Entonces invariablemente me levantaba, colocaba la silla del pequeño escritorio contra la puerta y apretaba mi maleta contra el espejo que tapaba la puerta comunicante con la habitación de al lado. Conciliar el sueño de nuevo era una carrera que solo llegaba a su final tras un buen rato de narcotizarme con la televisión y sus mensajes ideologizantes: la eterna letanía de las «Confesiones de Fidel»; las interminables repeticiones de noticieros viejos o el alienante Telesur y Venezolana de Televisión. Una noche casi amanecí viendo un intento de copia cubana de la serie estadounidense CSI. Daban ganas de llorar, no solo por la precariedad de los equipos policiales, sino por la manera de minimizar los delitos y ensalzar a las fuerzas oficiales.

Había terminado la novela de Federico Vegas y cuando quise comprar alguna otra cosa para leer en la librería del hotel, salí despavorida, con una sobredosis del Che, Fidel y toda la marabunta revolucionaria que abunda en los pocos lugares que vi donde venden libros, la mayoría en la calle, en las ventas ambulantes del casco histórico. Lo más curioso es que la dependienta de la pequeña librería del hotel siempre estaba de lo más animada dándose banquete con la televisión que había en el local y que para mi sorpresa tenía el mismo servicio satelital de todas las habitaciones. El asunto es que cada día que pasé frente a la tiendecilla, que me quedaba de camino a la salida del hotel, me asomaba, por simple curiosidad, a ver qué canal estaba viendo la chica, y todas las veces que lo hice, invariablemente, el televisor estaba sintonizado en el mismo: CNN internacional. ¿Qué sentiría aquella mujer al volver a su casa y a su realidad día tras día, luego de haberse asomado al mundo a través de la televisión? ¿Cómo se puede asimilar que el resto del mundo es el equivocado y que es mejor regresar a casa con la nevera vacía y con miedo? ¿Cómo ha llegado tanta resignación a tanta gente?

Aunque había tomado la precaución de abrir una nueva cuenta de correo electrónico que usaría si llegara a necesitarlo, nunca lo hice. Visité el *cyber* del hotel, solo para curiosear y preguntar por el servicio. 10 dólares la hora. Pero ya me habían dicho que solo cargar la página de cualquier buscador, demoraría al menos unos cinco minutos. Los gendarmes de la revolución se las arreglan para husmear todas las comunicaciones. En eso los blogueros cubanos, que son cientos, se las arreglan muy bien para de todas formas, alimentar sus portales y colgar sus informaciones. Solo basta disponer un poco de tiempo y saber usar los buscadores para descubrir el mundo subterráneo de estos verdaderos paladines de la isla. Yoani Sánchez es la más emblemática; no solo por el hecho de haber tenido la posibilidad de vivir en Europa y sin embargo regresar a la isla por voluntad propia para dar la pelea desde allá; no en balde ha ganado el premio Ortega y Gasset, entre varios otros reconocimientos. Aparte de ella, y más allá de toda la polémica que se ha gestado alrededor de sus escritos, existen cientos de cubanos que se las arreglan para recurrir a las redes sociales y a la tecnología, tratando de hacer saber al mundo las miserias del régimen.

En Centro Habana las colas frente a un servicio de conexión eran apoteósicas. No importa el tiempo de espera; para muchos, comunicarse con el exterior es un asunto de mera supervivencia. Es que hasta para la pequeña gratificación que puede ser comerse un helado, hay que hacer cola; y no es solamente en Coppelia, es en casi todas partes.

Caminar por las calles, ver vidrieras escuetas, precarias, es deprimente para quien puede establecer la comparación con calles vibrantes, llenas de avisos luminosos, propuestas de comercios de todo tipo cada metro de la calzada. Por muchos años, esta comparación no fue posible para el cubano de a pie; pero ahora, con la apertura del turismo, muchas de esas cosas se entreveran con la cotidianidad a través de los propios visitantes, e incluso, con esa pequeña ventana que, aunque ilegal, se les abre gracias a la venta siempre «por la izquierda» de DVD's con las últimas producciones de Hollywood, series y casi cualquier material.

Una doble moral es casi rutina en la isla. El discurso de las culpas del imperio y su bloqueo es recurrente, pero sin embargo el turismo, una de las formas más ilustrativas de la economía de mercado, es lo más preciado en la isla para quienes no pertenecen a los privilegiados círculos políticos. Los comercios tienen hasta letreros para advertir al turista que no tiene que hacer cola para el área de *souvenirs* «*Come right here for post card, stamps, telephone cards and souvenirs*. Para la tienda no se hace cola.

Por momentos da la sensación de estar caminando por un gran estudio de cine acondicionado para recrear una época pasada. Pero al ver en el paisaje cómo se entrecruzan esas bicicletas reconstruidas o los autos de los cincuenta con algunos carros de lujo, el panorama se convierte en algo realmente surrealista. Las hermosas playas de Varadero y sus alrededores contrastan por ejemplo con la playita 16, hacia el oeste de la isla, que es donde el cubano promedio acude a darse un baño, aun a pesar de que se trata de una zona escarpada en la costa; de que ciertamente no hay playa, sino un despeñadero y mucha suciedad y abandono.

Hay un parque de diversiones llamado «La isla del coco», construido y operando con tecnología china. La entrada cuesta seis pesos, es decir, casi la mitad del salario diario. No hay panaderías, pero sí ventas permitidas en casas particulares de algo que llaman «pan liberado»; una suerte de «pan canilla», diríamos en Venezuela, algo parecido a una baguette, salvando las profundidades del Atlántico, por supuesto. El asunto es que cada uno de esos panes liberados, que se venden «a pelo», porque javas no hay, cuesta diez pesos moneda nacional; de nuevo el parámetro: el salario diario es de 12 pesos.

¿Quiénes van a ese parque de diversiones entonces? ¿Quiénes pueden comprar un pan liberado al día para llevar a casa? El asunto de la doble moneda es el ejemplo más claro de la desigualdad en la isla. El peso cubano es el salario; es decir, lo que el Estado paga a los trabajadores, lo que produce. El dinero que llega de las remesas de familiares en el exterior, son fuentes externas al Estado que hacen la diferencia entre las familias cubanas.

El tema no pareciera ser el cómo se exprese la divisa, sino la fuente de los ingresos, la falta de productividad y la bajísima rentabilidad de las empresas del Estado. Para solo citar un ejemplo, Cuba importa el 80 por ciento de los alimentos que consume. Así que una familia que cuenta con remesas de sus familiares en el exterior tiene un nivel de vida superior al promedio. Pero esa superioridad no se mide quizá por un viaje al extranjero, un carro o una linda casa, sino tal vez por una visita a La Isla del Coco; la compra de más de un pan liberado al día, o la sola posibilidad de hacer mercado en un «Palco» donde a veces hasta hay carne de res, pero cuesta 12 dólares el kilo.

La crisis financiera de la isla es inocultable. En el año 2008, como parte del programa de ajustes anunciado por Raúl Castro, el Ministerio de Trabajo y Seguridad Social introdujo una nueva resolución que eliminaba el tope a los salarios en las empresas estatales, con la idea de propiciar el incentivo. Los salarios ya no iban a estar determinados centralmente y de forma desligada a los resultados empresariales. El nuevo sistema proponía crear un vínculo más directo entre salario y productividad. Pero ¿qué ha ocurrido?, que en la práctica muy pocas empresas han aplicado la resolución, por no decir ninguna.

El economista e investigador del Centro de Estudios en Economía de la Universidad de La Habana, Alejandro Pavel Vidal, ha dicho que todos echan la culpa a la burocracia; por otro lado, alegan el deterioro de la economía desde 2008, que obviamente se refleja en los niveles de ingresos de las empresas y les dificulta encontrar nuevos fondos para incrementar los salarios, porque la empresa no tiene total autonomía para manejar los gastos. Aunque pueda decidir cuánto le paga a cada trabajador, el fondo total de salario de la empresa sigue dependiendo de la aprobación del plan central. Mientras eso ocurra, la eliminación del tope de salarios no va a funcionar. En dos platos: el sistema de pagos por resultados no ha funcionado.

La consigna para muchos es sobrevivir; para otros está más al alcance «mal vivir», y otros tantos se las arreglan para encontrar su propia vía de escape: peloteros, médicos, enfermeros, artistas, balseros; la lista es larga. Mientras, quienes se quedan, hacen lo posible por seguir integrando un tejido social al que hace ya mucho se le fue el hilo principal.

Tomé el desayuno en el límite de horario permitido, y salí con la idea de hacer las fotos que me faltaban. Caminé de nuevo hacia la calle 23 y al llegar al primer semáforo, tropecé de nuevo con Gabriel. ¡Andaaa, mijita! ¿Otra vez este señor? ¡Pero bueno, esto ya no es casualidad chica! Tenía pensado caminar un rato y luego pasar por Coppelia, pero decidí aceptar su ofrecimiento de llevarme. También quería hacer unas fotografías en Miramar.

—¿Es verdad que por allí están las casas donde se hospedan artistas famosos cuando vienen a la isla? —pregunté.

—Sí. Y la que le gusta al presidente de su país también, María Elena. Seguro quiere verla, ¿no?

—¡Pues sí! —dije entre risas.

—Vamos a echar un vistazo rápido entonces.

—¡Gracias, Gabriel!

En el trayecto pasamos por una tienda de divisas; de lo más linda desde el exterior. Fue una de las pocas veces que vi una marca comercial reconocida en todo el mundo: la Nestlé. El logotipo era fácilmente perceptible desde la calle, en uno de los vidrios del frente de la tienda.

—Me gustaría entrar a una de esas para echar un vistazo, Gabriel. En el casco histórico vi una, pero era pequeñita, no como estas.

—Haberlo dicho. Ahora la voy a llevar a un mercado realmente grande y surtido, para que vea.

Llegamos a un pequeño centro de locales comerciales. Allí estaba el famoso «Palco» o «Shopping» como lo llaman algunos. Nada más atravesar la puerta me hicieron dejar el bolso en un casillero y me entregaron un número. Recorrí los pasillos, donde los productos ocupaban cada uno más espacio del que necesitaban de acuerdo a su tamaño. Es decir, había más espacio que productos, definitivamente. Hace muchos años, solo podían entrar los diplomáticos. Ahora están abiertos al público en general, pero con Cuc, claro.

La diferencia con la tienda de divisas que había visto en el casco histórico estaba tal vez en la cantidad de productos, que no necesariamente en la variedad. Los Palco son un muy tímido intento de lo que podría ser un supermercado pequeño de cualquier urbanización en los suburbios de Caracas, por ejemplo. Aunque, a decir verdad, cualquier bodega de nuestros barrios está muchísimo mejor surtida. Lo único que realmente llamó mi atención es que había tres escuetos bistecs de res en uno de los refrigeradores. Otra prohibición que tiene sus excepciones, evidentemente.

Al salir de allí, la pregunta de Gabriel fue un disparo a la diana de mis emociones: «¿Allá en Caracas hay mercados así tan grandes como este?» —me dijo casi orgulloso y con una enorme sonrisa. «Parecidos, Gabriel», fue lo único que alcancé a balbucear. Acto seguido comentó que una vez cada cierto tiempo, hace el sacrificio y trae a su esposa para que se dé el gusto haciendo la compra allí. «Pero no muy seguido, porque el dinero no da, y no quiero que se acostumbre».

Evidentemente, a los mercados agropecuarios y las tiendas de recaudación de divisas o los Palco, los separa una distancia del cielo a la tierra; más bien del cielo al infierno. Todo depende del parámetro. Y ese es justamente el problema. Que el techo es bajo para millones de cubanos, por el abuso de unos pocos.

—¿Por qué hay placas de tantos colores diferentes en los carros? —dije tragando grueso para sofocar la opresión que me causó en el pecho la pregunta de Gabriel.

—¿Usted dice las chapas? Ya le explico. Es un control del Estado. Una forma de saber en líneas generales a quién pertenece cada vehículo.

—¿Cómo?

—Verá. Las de color azul pertenecen al Estado. Las naranjas pertenecen a miembros de corporaciones extranjeras o mixtas. Las amarillas son de particulares, pero si tienen una «K» en el medio indican que el auto es de un particular extranjero. Si es negra la chapa, entonces se trata de un diplomático. Si es naranja pero no tiene la «K» es que pertenece a la Iglesia.

—¡Dios mío!

—Los taxis además de chapa, deben tener en el vidrio una identificación especial con el permiso del Estado.

—¿Será eso lo que pasó anoche?

—¿A qué se refiere, María Elena?

Relaté a Gabriel el episodio con mis amigos colombianos y enseguida sacó una conclusión: «seguramente tomaron un almendrón ilegal. Sin la etiqueta visible en el vidrio. Mire, es como esta que tengo yo —dijo señalando el vidrio frontal del auto— la policía debe haberse dado cuenta».

—¿Y por qué el chofer me haría bajar a mí y a mis compañeros no?

—Porque las consecuencias de cargar a un turista en forma ilegal son mucho más duras. Usted iba al Hotel Nacional, era muy evidente. Los chicos podían pasar por estudiantes ciertamente, con lo que la penalidad podría ser menor.

—¿Cuál es la penalidad?

—Podrían decomisarle el vehículo indefinidamente y hacerlo preso a él. Le dije que tuviera cuidado, ¿recuerda?

—Sí, Gabriel, qué pena. Pero me distraje y fueron ellos quienes detuvieron al taxi.

—Bueno. Está usted bien, que es lo que importa.

—Me da pena con mis compañeros.

—Deben estar bien. El que debe tener problemas es el chofer.

Hice un par de fotos a esas mansiones que aún quedan en Miramar. Una de ellas, en manos de la empresa Puertos Arenas, acababa de ser restaurada por el artista plástico Carlos Guzmán. Una casona verde realmente imponente, que sería integrada a la Oficina del Restaurador de la ciudad para su destino futuro; así escuché en el noticiario esa noche, casualmente.

Aparte de las casas, en Miramar hay edificios realmente bellos y hasta de aspecto moderno. La mayoría son inmobiliarias que se encargan de conseguir en arriendo casas o pisos para turistas, ejecutivos de empresas extranjeras o personas que decidan por alguna razón visitar la isla por largas temporadas.

—Ya estamos llegando a la casa donde a su presidente le gusta quedarse cuando viene a Cuba. Hay que ir con cuidado. Si va a disparar una foto lo hace, y nos vamos enseguida.

—No se preocupe, Gabriel. Así lo haré.

Nos aproximamos lentamente a la acera y bajamos la velocidad al acercarnos a una casa realmente hermosa, con retiro suficiente para albergar una entrada de vehículos en subida hasta llegar a la puerta principal, precedida por un lindo jardín. Gabriel bajó el vidrio. Apenas tuve espacio suficiente, saqué la foto. Una sola. No hubo tiempo de más. Mientras lo hacía, Gabriel volvió a sorprenderme. Le gritó a un motorizado que en ese preciso momento llegaba a la reja principal de la casa transitando la acera, justo a nuestro lado.

—¿Esta es la casa donde se queda el comandante Chávez cuando viene? — preguntó.

—¡Sí! —respondió el motorizado— ¡y también Eros Ramazzoti!

—¡Gracias! —dijo Gabriel con otro grito.

En ese momento, una mujer y un hombre, custodios del lugar, supongo, comenzaron a hacer señas y ademanes para significar que no estaba permitido tomar fotografías. Gabriel aceleró de inmediato y comenzó a subir el vidrio de mi ventana:

—¿Sacó la foto?

—¡Sí! —dije entre carcajadas— espero que no nos lleven presos a los dos.

—Eso espero yo también —dijo compartiendo definitivamente la picardía.

De regreso me quedé de nuevo en la Avenida 23 para mi segundo intento de saborear «Coppelia». En la subida, tropecé con ríos de jóvenes que, por la hora, ya intentaban tomar por asalto las discotecas que abundan por esa zona, y aprovechar su horario matinée. De nuevo las colas que hacían eran monumentales; y en muchos casos, al llegar a la entrada, se topaban con un «copado», que les hacía retomar la marcha y buscar la próxima discoteca, un par de cuadras más adelante.

Al ver la vestimenta de los jóvenes y la gente en general, recordé un comentario de Wladimir: «Aquí nos vestimos con ropita toos tenemos», me había dicho. Entonces me dio la sensación de que probablemente un *container* de jeans de esos estilo «Stone wash» que pasaron de moda hace muchos años por nuestros países, habría llegado recientemente a la isla, porque casi todos llevaban el mismo tipo de pantalones. Las diferencias eran sutiles: unos pescadores, otros largos, pero casi todos de la misma factura.

Casi llegando a la heladería, encontré lo más parecido a un carrito de perros calientes o *hot dogs*, que vendía panecillos de cerdo. El carrito estaba identificado como «comida ligera», y tenía un letrero que decía: «proteja su vida: Condón Vigor», y el precio en pesos. ¡Increíble!

Finalmente llegué a Coppelia. La cola era tan o más larga que la de mi intento anterior, solo que esta vez decidí entrar y echar un vistazo. Un vigilante me preguntó si iba a cancelar mi helado en pesos o en Cuc, porque entonces la cola era diferente; mejor dicho, si llevaba Cuc no haría cola.

Me acerqué a una especie de tráiler ubicado a la derecha. Coppelia es una suerte de complejo heladero situado prácticamente a campo abierto en medio de un parque plaza. Hay varios sitios donde se puede comprar el helado. Incluso tiene un piso superior.

—Hay Crema de guayaba y chocolate torneado —me dijo la chica encargada.

—¿Solo eso? —dije.

—Por el momento sí. Hace seis meses que el suministro falla.

Mis ganas estuvieron a punto de derretirse. Ya me sentía lo suficientemente incómoda viendo aquellas decenas de cubanos haciendo una kilométrica cola que a mí me fue obviada, por el simple hecho de tener unos cuantos Cuc en mi cartera. Pero aun así, aun teniendo la prerrogativa de una moneda más «dura», no existe tampoco la posibilidad de escoger.

¡Andaaaaaa! ¡Cómete el helado, chica! ¡Deja la necedad! ¡Ya estamos aquí! ¡Y ya nos vamos también! ¡Apúrate, anda, que tienes que hacer la maleta, mija!

EL REGRESO

—¿**P**uedo desayunar con usted?

—Sí, no hay problema.

Era mi último desayuno en el hotel. Un par de horas más tarde vendría el taxi para llevarme al aeropuerto. Me senté como siempre cerca de la puerta del comedor. Y cuando estaba a punto de levantarme, ese chico flaco en exceso, de mirada perdida, jeans más grandes que sus propias piernas, franela negra y gran tatuaje en uno de sus antebrazos, me sorprendió con su pedido de compartir la mesa.

Dejó su plato frente a mí para ir a buscar una taza de café. Se había servido un huevo frito, una rebanada de pan blanco tostado y media salchicha. El café lo trajo en una taza de las que tienen dos asas y son para sopa o cereal. Lo probó y frunció la cara.

—¿Está fuerte? —dije.

—Sabe malo.

—¿Cómo te llamas?

—Eliécer. Qué bueno comer aquí. Para el turista todo es distinto —dijo con parsimonia. Sus movimientos eran lentos y su voz apagada—. Yo soy cubano ¿y tú? ¿Eres española?

—No, no soy española. ¿Qué haces hoy aquí?

—Vine a comer lo que no puedo comer en mi casa. Este país tiene cosas muy bellas, pero cosas muy feas también.

—¿Estudias?

—No. Ya no fui más a la escuela. Se me daba mejor la rumba, las chicas, la fiesta.

—Pero todavía puedes hacerlo, eres joven. ¿Cuántos años tienes?

—22 y una hija de tres años que es mi vida. ¿Quieres ver la foto?

—Claro. ¡Muestra!

—Trabajo muy duro para mantener a mi hija; pero hoy me estoy comiendo lo que gano en todo un mes de trabajo. Vine porque necesitaba desahogarme, pasar el día aquí, viendo cosas bonitas, pasar un rato agradable y estar tranquilo.

—Y ¿cómo fue que decidiste no ir más a la escuela?

—¿Para qué? Igual después no voy a conseguir trabajo en lo que sea que estudie. Ahora mismo soy chapillero.

—¿Chapillero?

—Sí, trabajo los carros; les hago la chapilla, los retoques, y gano 10 Cuc en un mes ¡ja!, lo que cuesta este desayuno. Ayer me llegó algo de dinero que me envía mi papá desde Miami. Por eso decidí también venir hoy.

—¿Y él no te ha invitado para que te vayas allá?

—Sí, claro, pero me han negado la visa dos veces.

—¿Por qué?

—Nunca te dicen la razón. Si me puedo ir, me voy. Si no, igual soy feliz aquí en mi país. ¿Qué voy a hacer?

—Es preciosa tu hija. ¿Ya habla?

—¿Que si habla? Claro que sí. Aquí en Cuba todos hablan muy rápido. Es la necesidad, el trabajo que se pasa.

—Todavía puedes ir a la escuela y formarte mejor.

—Sí, claro, poder se puede, pero estoy tan ocupado trabajando para mantener a mi hija… tengo que irme. Muchas gracias por la compañía.

El plato de Eliécer había quedado prácticamente intacto. De seguro su estómago seguía vacío, a diferencia de sus ojos, bien satisfechos de haber visto tanta abundancia, aunque sea por unos minutos. Su hambre era de otra índole.

En el aeropuerto las cosas transcurrieron sin mayor novedad. Una larga cola para hacer el chequeo, otra no menos larga para inmigración y, finalmente, una hora de espera para abordar el avión justo en tiempo, tal y como había adelantado aquel cubano en el autobús cuando tomábamos el vuelo hacia la isla.

Recorrí todas las tienditas. Tuve en mis manos una hermosa caja de habanos que pensé traer de regalo, pero la volví a dejar en su sitio. Luego una botella de Havana Club que también dejé a la salud de algún otro turista con menos prejuicios. Nada, no fui capaz de comprar nada. La sola idea me paralizaba.

Regresé a casa la tarde del 20 de agosto de 2010. Al traspasar la puerta de entrada y dejar la maleta, estuve largo rato bebiendo una pequeña taza de café y mirando el valle de Caracas desde mi ventana. La brisa que sentía en la cara se me antojaba helada y se colaba por los poros a todo mi cuerpo sin que la temperatura del café pudiese hacer algo.

Comencé a deshacer la maleta, y fue inevitable un llanto repleto de suspiros y exhalaciones. Me lavé la cara y al encontrarme conmigo misma frente al espejo, volví a romper en llanto sin poder darme una explicación. Continué deshaciendo la maleta y dejándome asaltar por el desconsuelo. Caminé de un lado a otro respirando el aroma de mi casa. Di vueltas por todas partes buscando nada aquí, nada en el cuarto de mi hija que no estaba; nada en la cocina, nada en la sala; solo llenaba la vista de mis cosas, a ver si se me borraban las barbacoas que traía impresas en la retina.

Volví a la maleta, y a medida que sacaba prenda por prenda, junto a las inevitables lágrimas, me salían del alma también unas enormes ganas de gritar de rabia y de impotencia. ¡Andaaaaaaa! ¡Sí es verdad! ¡Llora, periodista, tienes razón! ¡Llora por esos dos millones de cubanos que nunca más volvieron a oler su casa ni su malecón ni sus costas! ¡Llora porque los calabozos que dejaron los presos de conciencia que los Castro mandaron a España, los llenaron rapidito con nuevas víctimas! ¡Llora porque Beverly tiene dos años y medio sin hacer el amor por miedo! ¡Llora porque Wladimir está listo para comerse el mundo, pero no tiene cómo salir!

¡Llora porque Gabriel ya se resignó a que el mercado más grande que verá en su vida es un Palco! ¡Llora porque quizá les falta más para que todo cambie, y a nosotros tan poco! ¡Qué sarta de puñeteros irresponsables hay en este país, chica, que pretenden vendernos toda aquella miseria que vimos como si fuera la gran solución a nuestra propia pobreza! ¡Llora, mijita, porque eso es lo que provoca cuando le dicen a uno que Cuba y Venezuela son una sola patria! ¿Quéjeso chica? ¿De qué están hechos? ¡No han ido, periodista! ¡La gente aquí no ha ido a Cuba, chicaaa! ¡Eso es lo que pasa! ¡Y se creen todito el cuento de la igualdad y toda esa basura! ¡Nos siguen cotorreando, periodista!

Entre las cosas que sacaba de la maleta, encontré una hoja donde había anotado los sitios de baile y datos de unas escuelas para turistas. De nuevo las lágrimas me nublaron la vista y me trajeron a primer plano las imágenes de los edificios en Alamar y el olor a perfume casero que tantas veces percibí en la calle. Solo entonces me di cuenta de que a medida que pasaban los días en la isla, inconscientemente me fui mimetizando de a poco con todo aquello. Por eso no bailé, ni lo intenté siquiera; no compré regalos; es como si no hubiese querido traicionar a todos aquellos que me mostraron sus miserias.

Nunca me maquillé ni usé perfume, pese a que tenía de todo en mi maleta. No arreglé mi cabello crespo con el secador ni un solo día; tampoco usé los tres pares de zapatos que llevaba, tacones incluidos; anduve todo el tiempo en cholas, caminando La Habana y trayéndome yo, en cambio, las huellas de todo aquello dentro de mí.

EPÍLOGO

Caracas, 20 de agosto de 2011
Querido R.
Son casi las doce de la noche de hoy 20 de agosto, y acabo de terminar de escribir las crónicas de mi viaje a Cuba. Pedí una semana libre en la radio y en el canal, para encerrarme a terminar el relato. Ahora veré si la editorial aún quiere publicarlo. He pasado un año escribiendo por cuentagotas, y ya las imágenes de los recuerdos y las historias que traje necesitaban abandonarme de una vez por todas. Estuve tratando de coordinar estos días libres por varias semanas, hasta que por fin lo logré. El asunto es, mi querido R, que gracias a un poderoso estremecimiento que sentí al ver la fecha, acabo de darme cuenta de que estos días que pasé aquí en casa, al amparo de mi teclado y sin salir apenas para tomar aire, son los mismos días que un año atrás pasé recorriendo La Habana. Es increíble. Parece que el ciclo se ha cerrado.

Hoy como hace un año vuelves a estar en Miami; qué absurdo y qué injusto que tengas que imaginar tu Habana desde la milla 90, o tratar de olerla desde aquí, en cabo Codera, sabiendo que Barcelona, El Morro e isla Borracha están casi a la misma distancia. Los ciclos, R, los ciclos; se repiten y se repiten, hasta que se cierran.

Ya debes saber que el presidente de aquí está enfermo. El cáncer le ha sobrevenido en los últimos 100 metros de la carrera por su cuarta reelección. Luego de muchas especulaciones, el anuncio oficial lo hizo él mismo, en cadena nacional y leyendo por primera vez sus palabras; pero, además, lo hizo desde La Habana.

¡Qué paradójico! ¿No te parece? Me impresionó mucho, como a la mayoría, y no pude evitar recordar el otro discurso, el de 1994, cuando desde allá mismo anunció que hacia ese mar de la felicidad debíamos acercarnos los venezolanos. En Colombia la guerrilla está herida de muerte; Hussein cayó lo mismo que Bin Laden; Ghadaffi anda huyendo y Fidel... Fidel también está enfermo. Los ciclos, mi querido R, se cumplen, se cierran, se acaban.

He escrito estas crónicas desde el corazón, en una suerte de tributo a cada uno de esos seres especiales que me mostraron su realidad con tanta franqueza. Desde aquí los admiro, y lo haré siempre, guardando la secreta esperanza de poderlos tener más cerca en un futuro no muy lejano. Eso me tranquiliza y me da un poco de sosiego; porque lo otro, pensar que nos volvamos a equivocar, y que en nuestra tierra germinen las Beverly, o los Josés; los Wladimires y los Gabrieles, eso creo que no podría resistirlo; millones de Ivannas como la mía, no merecen eso. Además, aquí todavía las fachadas de los edificios se pintan, y punto.

Hace un año también que mi trabajo periodístico se acerca más al terreno de lo humano que al de la política, donde estuve dando la pelea por más de 14 años. Ahora elijo otra trinchera; la de las emociones; la de la calidad humana y de los sentimientos, que buena falta nos hace. Eso es lo que siento; y como aún puedo tomar decisiones, eso es lo que quiero y lo que hago, para que nuestras Yuleisis y Yarisleys; para que nuestros Willmer y nuestros Usnavys, sepan que lo importante está dentro, no fuera. Para que nuestros Richard y nuestros Omares; nuestras Coromotos y nuestras Victorias, sepan que los necesitamos; que hay mucho por hacer, y que nuestro gran capital no es el petróleo, sino la calidad de nuestra gente; nuestra llanura de siempre para apoyar al otro; nuestra entrepitura tan deliciosa. Para mí lo demás es paréntesis doloroso; corchetes; un infeliz inciso de nuestra historia.

Los ciclos, R., los ciclos. Yo también cerré el mío. En La Habana aprendí a tomar café sola en la calle de nuevo, como en Europa, cuando a mis quince años, en una de esas «tardes libres para compras» que dejaba el tour, decidí más bien salir y tomar un «espresso» frente a la Fontana di Trevi. Lo había olvidado, R, ¿puedes creer? Lo había olvidado, y no es justo.

Mis amigos dicen que después de estas crónicas no me dejarán volver a entrar en la isla. Y yo me pregunto, ¿de qué pueden acusarme? ¿De recorrer La Habana sin tacones? ¿De contar a otros lo que vi en las calles y a plena luz del día? No sé si lo intentaré, pero te confieso que ganas no me faltan.

En fin, mi querido R, yo no le apuesto a ese Mar que te espantó de tu tierra y al que no nos han podido llevar en 12 años. En todo caso, le apuesto a la claridad de las aguas de las playas del este. Yo sé que nuestra gente sabe flotar, aunque a veces parezca que se ahoga. De todas formas, dejo estas crónicas, para que las vean como una boya, y para que sepan lo que puede pasar, si alguna otra vez se les ocurre nadar más allá.

Cariños siempre,

Mel.

Boris Milán

MARÍA ELENA LAVAUD es periodista y escritora venezolana, con estudios de posgrado en Ciencia Política. Autora de *Días de rojo* (Ediciones B- Venezuela 2009), Colombia (2010). *La Habana sin tacones* (Editorial Libros Marcados-Venezuela, 2011), ganador del Latino International Book Awards 2016, en la categoría *Best latino focused non fiction book*; y *Tatuaje de lágrimas,* ganadora del Latino International Book Awards en la categoría *Most inspirational fiction book* (Ediciones B-Venezuela, 2015), edición Independiente EE.UU. (2016) y España (Ediciones DAURO, 2017).

Ha sido corresponsal internacional para México (ECO-Televisa) y Colombia (Noticiero QAP). Fundadora del canal de noticias Globovisión (Venezuela), donde produjo y condujo al aire por 14 años ininterrumpidos, programas de análisis político y de variedades (Premio Monseñor Pellín 2002). Por 10 años fue productora y conductora de espacios de noticias y entretenimiento en el circuito Unión Radio (Venezuela/EE.UU.). Ha destacado como guionista y productora de espectáculos a partir de sus libros. El show dramático-musical *La Habana sin tacones* se ha presentado en Canadá (Calgary-Edmonton), Venezuela (Caracas-Valencia) y Estados Unidos (Miami). De su tercera novela, *Tatuaje de lágrimas*, ha escrito un monólogo para teatro, que debutó en Miami durante el XIV Festival Internacional del Monólogo Havanafama (Febrero, 2015). En 2016, escribió *Next*, el primer *stand up comedy* realizado por la actriz Mimí Lazo.

@LaLavaud

Made in the USA
Columbia, SC
19 November 2019